JN034234

謎解き
日本国憲法

〔全訂第３版〕

編者／　阪本 昌成

著者／　阪本 昌成　井上 嘉仁
横藤田 誠　大日方信春
梶原 健佑　水鳥 能伸
合原 理映

有信堂

目　次

図，表，資料，コラム，用語解説　一覧

謎解き　日本国憲法

〔全訂第 3 版〕

はじめに

「憲法」を学ぶにあたって

学生Ａ：これから「憲法」の授業を受けなければならないんだ。指定された教科書は『謎解き 日本国憲法』というタイトルで，いかにも受講者の関心をひこうとする意図が丸見えなんだけど，結局は，ほかの教科書と同じように，高校までの知識をちょっと詳しくした，退屈な内容なんだろうねぇ。とくに，憲法といえば，ぼくたちは，小学校のときからあれこれ習ってきたんだから，大学でまた憲法を受講する必要があるのかなぁ？　授業に出席する前から気分が重いよ。ぼくは，もともと堅苦しい法律なんて興味がわかないんだ。『謎解き……』といわれても，憲法という法律を学ぶなんて，きっと退屈だろうなぁ。

学生Ｂ：いやいや，この本にはタイトルにふさわしい仕掛けが随所にあるようだ。高校までぼくたちは，日本国憲法の３原則，98条の最高法規性と国際協調主義といった，日本国憲法に書かれているスローガンを学んできた。ところが，この本は，日本国憲法の根底にある考え方から掘り起こそうとしている。この本の筆者達は，《謎解きの近道は日本国憲法の根底にある考え方を知ることにある》と考えているようだ。ということでこの本をベースにした授業は，日本国憲法の条文の順序を無視して進められるそうだ。

ちょうど先輩が来たから，憲法の授業がどんなものかきいてみよう。

先　輩：なに，ケンポウ？　憲法ねえ。そういえば，第1回の授業の冒頭に教授がこんなことをいってたなあ。「憲法は国づくりを語る壮大な学問だ」なんて。

学生A：何のこと？

先　輩：そうだねぇ。教授は，まず「憲法」という言葉から説明していたね。「憲法」という場合，小中高の教科書は，日本国憲法と名付けられた法典――ほら，六法にのっているやつさ――あれを主に念頭に置いて書かれている。ところが，憲法というのは，日本国憲法を指すわけでもなければ，ある法典を指すわけでもないんだそうだ。教授によれば，「憲法」はコンスティテューション（constitution）の訳語で，コンスティテューションとは，構造とか構成物を指すんだそうだ。そういえば，英語で constitute とは“作りあげる”“構成する”という意味だったよねぇ。

学生B：憲法の語源である constitution とは“国を作りあげること”といいたいわけですね。

先　輩：その通り。“国の根本構造を作りあげること”といえば，もっと正確だろう。教授は，これを「国制」と言い換えていた。憲法ときけば，ぼくたちはどうしても日本国憲法を連想してしまう。これに対して「国制」は，自由主義か全体主義か，自由経済体制か，計画経済体制か，といった，日本国憲法には書かれていない，国の根本構造まで含んでいる。

学生A：へぇ〜〜。ぼくは，ザックリいえば「日本国憲法は民主主義を実現するためにある」と思ってきた。なぜなら，民主主義のもとでは，国民が主権者であり，国民が主権者であれば自分たちの人権をないがしろにすることはなく，また，戦争を避けて平和を選ぶ……日本国憲法の3原則をひとことで言えば“民主主義だ”となるはずだ，と今まで学んできたからね。

先　輩：民主主義万能論だね。授業の何回目かに教授は《民主主義とは政治のやり方のことだ》《民主主義と自由主義は対立する》という趣旨のことを口にするだろう（⇒**序章4**）。ぼくたちのこれまでの常識では，「民主主義は自由主義でもあるはず」だった。ところが，教授は“偉大な法学者や政治学者は，この二つの対立に常に悩み続けた”というんだ。謎だね～～。

学生A：先輩，“謎だね～～”なんていわないで，解き方もいってくれないと，迷いそう……。

先　輩：謎の解き方まで知っていれば，誰も苦労しないよ。ぼくは，解き方までは知らないけど，この本は《歴史上対立してきた考え方を学んで，それを対照してみれば道筋が開ける》という。今でてきた「民主主義／自由主義」も対立する軸の一つの例だし，「国民主権／君主主権」「戦争／平和」「絶対主義（専制）／法治主義」「君主という代表／議会という代表」「聖なる権力（教会）／世俗の権力（国家）」「祭政一致／政教分離」等々，いくらでもある。国民主権という考え方は君主主権を対抗軸として作りあげられた，というように……。「人権保障／公共の福祉」も対抗軸だとみることができる。

学生A：話が大きくて世界史の時間みたいですね。ぼくは，大学受験科目に世界史をとっていないんだけど，大丈夫かなぁ。

先　輩：憲法の授業についてぼくの印象をいうと，大学入試問題の世界史の知識と，授業の内容とは，確実に違っていたなぁ。ぼくも世界史を選択しなかった。けど，選択していたとしても，どこまで役に立ったか……。「名誉革命＝1688-89年」「フランス革命＝1789年」，「モンテスキュー＝『法の精神』」という事実を記憶することよりも，今のぼくたちに必要なことは，モンテスキューが『法の精神』において何をいいたかったのか，名誉革命やフランス革命はなぜ起こったのか，その成果は何だったのか，といった歴史のうねりを考えてみることだ。この本は《憲法の学習は，歴史や思想の流れを知ることでもある》といいたいんだろうね。歴史や思想のうねりは，必ず，ある対抗軸を示している。この**対抗軸**

を知れば謎解きのヒントとなる。授業においては，対抗軸となる考え方が何度も紹介されるだろう。

学生A ： 名誉革命，フランス革命，モンテスキューと，先輩の口からでることはすべてヨーロッパの話じゃないですか。日本人がヨーロッパのことなんか知っても，どうってこともないでしょう？

先　輩 ： どうってこと，あるんだね，それが。A君は日本国憲法がアメリカ憲法の影響を受けていることを知っているよね。そのアメリカ憲法は，J・ロック（⇒下のイラスト）やモンテスキュー（⇒15頁のイラスト）の影響を受け，アメリカ憲法はフランスに影響を与え，フランス憲法はドイツ憲法に影響を与え……という風に，日本国憲法は世界の歴史の産物なんだ。その歴史を動かした大きな力が，偉大な思想家の理論らしいんだ。

学生B ： ロックがイギリスの思想家，モンテスキューがフランスの思想家ですね。アメリカにいくと，T・ジェファソン，B・フランクリン，J・アダムズ……。先輩は，ヨーロッパの歴史といいながら，まず第一にアメリカ憲法をあげて，ついでロック，モンテスキューと大陸の思想家の名をあげた。先輩の説明は適切に順序づけられているのですか？　先輩の知識もあやしい？

先　輩 ： ばれたか！　その辺はうまく話せないんだ。ぼくの知識も限られているからね。君の疑問は憲法の授業を通して解いてほしいな。高校時代よりも長い授業時間を我慢して，「ほっほー，なーるほどね，そうだったの」と，わずか1回でも膝をたたくことがあれば，成果ありというものだ。授業は，テレビ・ゲームやデートのようにはおもしろくはない。だけど，憲法の授業をきけば，政治の話，歴史の話が少しはわかるようになるし，これまでは感覚的に理解していた知識を少しは論理的に展開できるようになるかもしれない。今までは目に

も入らなかった新聞記事を「読んでみようか」という気になり，しかも，その記事のことを友達に論理鮮やかに，対抗軸を示しながら解説できるようになるかもしれない。それだけでも授業にでる価値があった，というもんだ。

学生A，B： う～ん，よくわからないけど，とにかく憲法の授業に顔を出してきます。

先　輩： うん。この授業で対抗軸の話を聞けば，ある解答にいたるまでに複数の見方があることに気づくようになるよ。また，**解答はけっして一つではない**ことも，だんだんとわかるようになる。解答も一つではなく，複数ある。この謎解きの筋道のなかで，最も説得的な論理を嗅ぎ分けること，これが授業のねらいらしい。教授は《誤った思想などない，どんな思想も学ぶべきものをもっている》といっていたね。どんな思想でも謎解きの道しるべとなる，というわけだろうね。

そうそう，授業を受けに行く前にいっておくけど，高校までに習った憲法の知識を白紙に戻しておくほうがいいよ。たとえば《日本国憲法は，国民主権，平和主義，基本的人権の尊重を3原則としています》《民主主義は人権を守ることです》という紋切り型の知識は，忘れたほうがいいだろうね。教授は，こうした常識的知識を根本から揺さぶろうとしているようだ。「わたしたち主権者の人権は大切です，尊重しましょう！」といった，どこかの県か市のスローガンみたいなことを繰り返すだけじゃあ，進歩はないね。

追記：ここに登場した「先輩」は，フィクションです。こんな学生が実在するとすれば，教師にとって，脅威である以上に，実に煙たい存在でしょう。が，先輩は後輩に授業に関するネガティヴ情報を誇大に伝えていく傾向をもっていますので，見方によっては，こんな先輩は教師にとって救世主といえるでしょう。

【まとめ】

・わたしたちは，条文，人名，年号等を記憶するために憲法を学習するのではない。
・これからわたしたちは，「国制」という意味での憲法を学んでいく。
・学ぶにあたっては，対立する考え方を軸に設定しておくとよい。
・法学には，《解答は一つだ》ということは，ない。
　解答にいたる視点・論理に，さまざまなものがあることを学びながら，謎解きの道筋を探していくことがこの授業の目的である。
・日常的な事件，新聞記事等にも，憲法を学ぶ素材は発見できる。

【筆者からのメッセージ】

・この本は，多数出版されている憲法の教科書とは一味も二味も違った憲法像を描き出そうとしています。これから本書を読みはじめていくと，読者の皆さんは，中高までに学習してきた「憲法」のイメージとはあまりに違っているので，「なんだ！　これは⁇」と感じるかもしれません。本論に入る前に，“一般の教科書とは違って，こう考える方が適切だ”と読者の皆さんに訴えたい点を，あらかじめいくつか述べておきましょう。

・まず，序章「憲法の全体像は？」における「権力分立」では，「三権分立」というおなじみの理解のしかたではなく，意表を突く説明となっています。《権力分立とは，民主主義があまりに前面に出ないようにする歯止めだ》というのです。

・同じく序章は，《民主主義とは自由・平等を保護する政治体制のことではない》と断言しています。民主主義は，多数者によって政治問題を解決する方法・やり方のことだ，というわけです。課題・争点によっては，多数決よる解決方法にのせない方が妥当でしょう（⇒**序章 4**）。読者の皆さんも，多数で決定する課題・争点と，多数決では決定させないものとの仕分けを慎重に考えてみてください。

・この本は，歴史や思想に相当の頁をさいている点でもユニークです（⇒**第 1 章**）。立憲国家――憲法による制限のもとで政治を進めていく国――が，歴史に姿を現してくる背景を知れば，憲法の存在理由がはっきり理解されてくるはずだ，と筆者は考えています。

・また，この本は，明治憲法の画期的な部分と，現行憲法の説明しがたい謎の部分とを取り出しています。“明治憲法は旧態依然たる憲法で，日本国憲法は素晴らしい”という風潮に筆者は共鳴していないのです（⇒**第 2 章**）。立憲主義の歴史展開のなかで，それぞれを公正に評価しなければなりません。

・本書は，「自由」「平等」「幸福追求」「財産」といった言葉が何を指しているのか，という謎解きに挑戦している点でも，ユニークです。この謎解きは，“何であれ，人権は大切なもので，保障されて当たり前だ”という，ある種の雰囲気に挑戦しようとする筆者の姿勢の表れです。

・ですから，たとえば，人権保障の根源として「人間の尊厳／個人の尊重」という二つの見方があること（⇒**第 3 章 *1***），平等という言葉には，「形式的平等／実質的平等」「機会の平等／結果の平等」等の別があること等々（⇒**第 4 章 *1***），一般の教科書では踏み込まれないところにまで，筆者は目配りしています。

・憲法の条文や，その理解のしかたには曖昧な部分が多々あります。この曖昧さを埋めてきているのが裁判所の判例です。本書は，入門書でありながら，重要判例を紹介し解説しているのは，“裁判所は，こう考えている”と，1つの解決方向を明らかにするためです。なお，判例にふれるさいには，本書は，法曹界の慣例に従って元号表記としました（慣例に従えば，判例が搭載されている書物の巻号等を明記すべきところですが，本書の性質上，これは省略しました）。判例以外の年号は西暦を用いています。

序　章

憲法の全体像は？

1　立憲国家の憲法

190以上の憲法

世界には190を超える国があります。それぞれが国の基本構造としての国制（憲法）を持っています。国があるところには国制（国家の根本構造＝憲法）がありますから，世界には190を超える国制（憲法）があることになります（本書の「**はじめに**」でふれたように，「憲法＝国制」ではありませんので，「国制（憲法）」と正確に表記したいところですが，この煩雑さ・読みづらさを避けるために，以下，「憲法」とだけ表記することにします）。

これらの国の憲法の重要部分は，通常，章別に編成され，条文化されて法典に収録されています。これを「**成文憲法**」または，「憲法典」といいます。が，憲法のすべての事項が憲法典にのっているわけではありません。イギリスのように，国制が法典化されることなく，慣行上のルールからなっている例もあります。これは「**不文憲法**」といわれます。

これだけ多数ある憲法の中身となると，それぞれの国の政治状況，文化，宗教，伝統等によって多様となっています。国によっては，“神の教えこそ憲法だ”と位置づけて政教分離原則（⇒**第5章**第1節）をとらないものもありますし，すぐ後にふれる権力分立とは無縁の憲法もあります。また，連邦制をとる国においては，連邦政府と州政府との役割分担を細かく定めることが憲法の重要な役割となっています。

わが国のように，連邦制をとらず単一国家として，権力分立のなかの議院内閣制（⇒**第 7 章**），二院制，司法審査制（⇒**第 8 章**），そして，政教分離，基本的人権の保障，等を組み入れている成文憲法は，多くはありません。日本国憲法にはわが国に特有な政治的な動向，宗教観が反映されているようです（日本国憲法の特徴は，明治憲法という対抗軸をおいてとらえるといいでしょう。⇒**第 2 章**）。

立憲国家における憲法の特徴

日本には日本特有の内容を持つ憲法があり，アメリカやドイツにもそれらに特有の憲法があります。なかでも，世界的にみて注目すべきものがイギリスで，同国は，いまでも「君臨すれども統治せず」（King〔Queen〕reigns, but never governs.）とか，国教制度をとりながらも政教分離の慣行に従ってきたり，しかも，不文の憲法を基礎にして政治を舵取りしてきました。基本的人権も，この舵取りの成果として伝統的に守り続けられてきた国です。

こんなイギリスの変則例もありますが，憲法の歴史の大きな展開をみますと，人類は，自由を求めて，基本的人権保障と権力分立という二つの要素を必須とする憲法を追求してきた，といえます。この二つの要素を憲法の中核に組み込んでいる国を「立憲国家」と呼びます。立憲国家の憲法は，通常，**基本的人権の保障の部**と**統治構造の部**からなっており，統治構造を権力分立としているわけです。この中身を持つ憲法によって政治をコントロールしようとする思想を「**立憲主義**」といいます。

二つの要素を順番にみていきましょう。

2　基本的人権の保障

人の権利と国民の権利

中世においては人びとの権利・義務はその人の身分によって定まっていました（⇒**第1章*1***）。これに対して今では，わたしたちは，誰でも，法律上，生まれ出た瞬間から一人の主体となります。このことを，啓蒙思想家は，《人は生まれながらに譲り渡すことのできない無条件の権利を持っている》と表現しました。これを勝ち取ることが立憲主義国家となるための第一のねらいでした。これは，まさに「基本的な人の権利」です。啓蒙思想家は，政府はこの権利を保全するために樹立されるのだ，とも説きました。

憲法は，この生まれながらの権利（生来の権利＝基本的な人の権利）だけでなく，「国民であれば保障される権利」も取り込んでいます。日本国憲法でいえば，選挙権がその典型例です。

立憲国家の憲法は「人の権利＋国民の権利」を Bill of Rights と呼んだり，「基本権」と呼んだりして，保護のカタログをしだいに広げてきました。日本国憲法のいう「基本的人権」は，「人の権利／国民の権利」だけでなく，いわゆる生存権的基本権にまで，保障のカタログを広げています（⇒**第4章第*2*幕**）。

基本的人権の名宛人

ここで注意すべきことは，基本的人権の保障規定（条文）は，国を治める人たち，たとえば，国会，国会議員，内

【コラム】1 ――Bill of Rights の謎

Bill of Rights は，イギリスにおいては「権利章典」（1689年）を指し，アメリカにおいては合衆国憲法の「修正１条から10条まで」をいい，グローバルには「基本権保障の章」を指します。

アメリカ合衆国憲法が制定されたとき，そこには基本権保障の条文はありませんでした。建国の父たちは，自由を保障するにあたって，○○の自由，☆☆の自由とリスト・アップしていくことに反対でした。個別的にリストに並べたとき，リストにない自由は保障されないかのような印象を人びとに与えてしまうからです。建国の父たちは，統治の仕組みとして権力分立を選択し連邦政府の権力を制限しておけば，《おのずから，すべての自由が保障される》と期待したのでした。が，このやり方は当時の立憲国家としては異例でしたので，制定後短期間のうちに憲法改正され，Bill of Rights と呼ばれる基本権保障の条文が修正１条から10条まで組み入れられました。

閣，大臣，裁判所，裁判官などを名宛人としている点です。

わが国では「基本的人権」が日常用語で「人権」と呼ばれていることと関連して，“人権とは，人が大切にしている権利すべて”を指しているようです。そのため，ＡさんがＢさんを殴りかかること，差別することも「人権侵害だ」とよくいわれますが，これは厳密にいえば正しくありません。

「基本的人権」は，国を治める人たちに対して，《わたしの○○（たとえば，信教，表現）を妨害するな，もし侵害したときには責任をとれ》《正当な根拠なく，差別するな》と主張する際の根拠をいうのです（このことは，立憲国家が登場するにいたる歴史を学習すれば，すぐに理解できてきます。これが後の**第1章**の課題です）。

基本的人権規定のうち，信教の自由を定めている20条，表現の自由を定めている21条，職業選択の自由を定めている22条等は，《わたしたちの行動を妨害することなかれ》，と国を治める人たちに求めています。これらを「**自由権**」と呼びます（⇒**第3章 *1***）。このほか，国家賠償責任を定めている17条のように，《わたしたちの自由を侵害したときには損害賠償せよ》と国を治める人たちに求める規定もあれば，32条のように，《裁判を受ける権利をわたしたちに保障せよ》と定める規定もあります。これらは「**受益権**」と呼ばれることがあります。

基本的人権に関する話題は，**第3章**で後日ふれますので，ここでは，統治のしくみをざっとみることにしましょう。以下の話の中心は，立憲主義の目玉の一つ，権力分立についてです。

3 権力分立

権力の集中防止のための工夫

憲法が統治のしくみまで明示するのは，君主，議会，内閣や裁判所等，国を治めている人たちに対して「◎◎をしてはならないが，□□はできる」ことを明示して，彼らが権力を濫用しないようにするためです。

憲法が，君主や内閣や議会等に対して，「◎◎をしてはならないが，□□はできる」と定めたとしても，それは破られるかもしれません。なにしろ，憲法は通常の法律（刑法や独占禁止法等）と違って，彼らがルール違反してもなんらのペナルティも定めていませんからね。

そこで，権力が濫用されないように，憲法に何らかの工夫をしておくことが必要となります。

単独では決めさせない工夫

あることを決定し実行するにあたって，ひとりの判断でよしとするやり方と，複数の目を通さなければならない，とするやり方とでは，どちらがルール違反を減少させるでしょうか。もちろん，独断を許さず，権力の濫用を防ぐには，複数の目という選択肢です。

法律を制定する作業を例にして，次のような，いくつかのやり方を考えてみましょう。

①　君主が単独で法律を制定できる，とする。

②　議会が単独で法律を制定できる，とする。

③　議会が審議して可決したものを君主が署名すれば，法律として成立する，とする。

以上の三つのうち，どれが権力の濫用を防ぐのに最も適しているか？　その答えは，③でしょう。「議会が審議して……」というところを，次のように工夫すれば，もっといいでしょう。

④　議会において，下院の提案した法律案を上院が審議し可決すれば，法律として成立する，とする。

議会を「上院／下院」とし，二つの院が合意すれば，はじめて議会の決定とする，というするしくみは「**二院制**」と呼ばれます。

わたしたちは，《国会は，なぜ二院制となっているか？》という質問に対して，

“審議を慎重にするためです”と答えてきました。その解答は間違いではありませんが，“それぞれの院がそれぞれの権限を持って，別々の目を通して議会を動かすよう工夫すれば，議会に権力が集中することはない”というほうが正確です。

さらに，うえの④に加えて，次のようにすれば，もっと権力の集中は防げるでしょう。

⑤　2院で成立させた法律案に君主が署名すれば，正式に法律となって効力を発揮する。

権力分立というしくみ

君主であれ，議会であれ，なんであれ，単独では権力を使えない，とする工夫を考えついた人物がモンテスキューです。現実主義者である彼は，『法の精神』において，権力は権力によってしか抑制できないことを説きました（毒には毒をもって制するほかない。理想主義者が説いてきた正義や自然法を持ち出すようではヤワすぎる！）。権力が相互に抑制するためには，一部は君主制的で，一部は貴族制的で，一部は民主制的だ，という政治体制が望ましい，というのも，これは，三すくみ状態を作りだして権力を分散させており，そのぶん国民の自由が守られる，と彼はみました。この構想を活かすために，彼はまずは議会について，こう考えました。

(1)　強力になりすぎてはならない。立法権を持つ議会にこれ以上の力を与えてはならない。民主主義の拠点である議会の権限には歯止めが必要だ。

(2)　民主主義を押さえるためには，君主も貴族も，議会において何らかの役割を果たさねばならない。

(3)　議会が一院制であっては，多数を占める市民（新興勢力としてのブルジョアジー＝民主的な力）がこれを牛耳ることになる。**議会を二院制として**，貴族が上院（貴族院）を占め，市民が下院（庶民院）を占めれば，議会にそれぞれの社会的勢力の声が反映される。法律の制定にあたっても，二院が合意することを要する，とすれば，市民（多数）の声だけが反映されることはなくなる。

(4)　君主も，議会における役割を持つ。一つが，議会を召集すること，もう一つが議会の可決した法律案に署名する（しない）ことである。召集は，議会がみずからの判断で集会を開かないようにする工夫である。署名しないという君主の拒否権は，議会の立法権をチェックするためである。

(5)　議会は，君主とその臣下（大臣たち）が法律の定めを誠実に実施しているかどうか，いつでも監督できる。

(6)　大臣たちは，法律の定めたことを実行に移すだけで，法律を制定できない（法律を制定する権限は議会だけが持つ）。

(7)　それでも，君主は，法律に縛られることなく，自由に活動できる政治分野を持つ。外交権，同盟権がこれである。

このように，モンテスキューの構想した権力分立は，貴族制的な上院と，民主的な下院との間の抑制関係だけでなく，君主と議会との間にも抑制関係をもたせて，バランスよく権力をふるわせるしくみでした。このしくみは，「チェック・アンド・バランス」（「抑制と均衡」）とよくいわれます。**《権力は，相互にチェックしあえ，しからば，バランスのとれた政治となる》**というわけです。

法律の制定・執行を例にとると……

うえの(1)〜(6)を念頭に置きながら，法律ができあがってこれが執行される，という例をとって「チェック・アンド・バランス」の流れをみることにしましょう。

うえの(3)の二院制と，(4)の君主の拒否権に注目しながら，こんな流れを思い浮かべてみてください。

①　《法律を制定するにあたって，一院が提案したものを他の院が審議し承認

すれば法律となる。承認できないときには，提案した院に差し戻す。

② 差し戻された院が，再審議し３分の２で再可決したとき，法律として成立する。

③ 成立した法律に君主が賛成の署名をすれば，法律として正式な効力をもつ（署名を拒否すれば，有効にならず公布されない）。

この例から分かるように，「権力分立」とは，２院それぞれに独自の役割をもたせるだけでなく，君主（後には内閣とか大統領）にも独自の役割を与えることだ，と分かってきます。権力分立は，複数の目を通しながら，政治をなすよう求めているからこそ，相互に抑制できるのです。このところを《議会（国会）が立法権をもち，行政権はその法律を執行することだ》といってしまったのでは，立法権における複数の目が活かされることはなくなってしまいます。

モンテスキューの真のねらい

モンテスキューは，君主と貴族に，それぞれの持ち場を与えれば，民主主義を押さえることができる，と考えながら権力分立をデッサンしました。均衡のとれた政治体制ができあがれば，人びとの自由も保障される，というわけです。

ところが，このねらいはしだいに忘れ去られ，“権力分立は民主的な統治の構造だ”といわれはじめました。もともと，権力分立は，自由主義を重視するものでした。にもかかわらず，民主的な議会だけが立法権を持つことこそ権力分立の

【コラム】２――「三権分立」の謎

日本においては，権力分立よりも三権分立という言い方のほうが一般的なようです。なぜ，こう表現されるようになったのか，謎です。一つの理由を推測すれば，日本国憲法が「司法審査制」を導入して，裁判所を三つ目の権力として浮かび上がらせたからでしょう。

でもね，裁判所が司法審査権を持つようになったからといっても，この力は政治権力ではなく，あくまで法令を解釈する「司法権」です（⇒**第８章**）。

また，権力分立とは，国の政治的な力を三つの部門に分割すること，だから，三権分立と同じことだ，と考えるのが一般的かもしれません。が，国の政治部門が，「立法／行政／裁判」の三つに限られているでしょうか。

権力分立の理論を考えた思想家たちは，この三つ以外に，君主の戦争と平和に関する同盟権があることを知っていました。日本国憲法において，外交，条約交渉・締結や，安全保障政策，財政政策等の決定は，三つの分野のどれに含まれるのでしょうか。謎ですね。

ねらいだ，と権力分立を理解する人も多くなりました。これは，権力分立を，自由主義よりも民主主義のほうへ引きつけながら理解する立場です（⇒**第1章*3***）。

こうした誤解の原因の一つは，民主主義の意味するところを正確にとらえていないこと――民主主義とは自由を保障する政治体制だと考えること――にあります。

民主主義と自由主義の正確なとらえ方に話題を進めてみましょう。

4　民主主義と自由主義

民主主義への過剰な期待

わが国においては，マスメディアから学校教育まで，「民主主義とは人権を保障する政治体制のことをいう」と説いてきています。ところが，法学者や政治学者のなかでそう考えている人はごく一部です。

たしかに，フランス革命期の前後においては，【君主を倒して市民革命を実現する→国民が主権者として民主主義を実現できる→国民みずからが統治者となれば国民の自由は保障される】と期待されました（市民革命，フランス革命については，すぐ後にふれます）。つまり，国民が治者となると同時に被治者ともなれば，この国民自身が自分たちの自由をないがしろにすることはない，というのです。

この民主主義の見方が通用したのは，君主政治という対抗軸があったからこそでした。民主主義も自由主義もない君主政治と，国民が政治の主人公として活躍する政治とが比較されたとき，“民主主義は自由を保障するものだ”と輝いたのでしょう。

民主主義の語源

民主主義という考え方は，古く，ギリシャの時代からあります。プラトンにしても，アリストテレスにしても，民主主義には期待しませんでした。不思議ですね，なぜでしょうか？

民主主義は，政治体制を表す「デモクラシー」の日本語訳です。デモクラシーとは，「デモス（多数の民衆）＋クラティア（政治の力）」をいいます。この語源に忠実に民主主義の意味をとらえなおせば，「多数者による政治体制」，つまり，「多数決による政治のやり方のこと」だという結論になります（単純多数決が最も一般的です）。これは，**ある政治課題を集団で決定したり解決したりするやり方だ**，と言い換えてもいいでしょう。デモクラシーは，自由や平等を尊重する政治体制のことではありません。

この民主主義すらなかったフランスの市民革命期においては，すぐうえでふれたように，民主主義に過剰な内容が吹き込まれたのでした。これは，市民全員が参加して政治を最終的に決定する，という**直接民主制を理想とする急進主義者の主張**でした。市民全員が政治問題を討論したうえで問題解決する，このやり方こそ，民主的であると同時に全員の自由も守ることになる，という期待を表していました。

議会を通した民主主義＝間接民主制

市民革命まで民主主義を体験しなかったフランス（⇒**第1章** ***2***）とは違って，英米で民主主義といえば，議会を通しての政治，すなわち，間接民主制（代議制または代表民主制）を指してきました。イギリスにおける名誉革命も市民革命の一つに数えられていますが，そこでの民主化は，フランス革命とは違って，市民と議会（下院と上院）とが手を結んで君主に抵抗しつつ，伝統的な自由を回復させる動きでした。そして，それは，長期にわたる展開のなかで，議会を中心とする政治体制として実現されました。ということは，市民の望みは議会を通して次第しだいに実現されていったのです。そして，実際に，イギリスは，君主国でありながら君主と議会とが統治する「制限された君主制」をまず実現しました（⇒**本章** ***1***）。

ところで，君主の力を制限し，しかも，間接民主制によって政治を進めていけば，市民全員の自由と平等は保障されるのでしょうか？

世界でいちはやく普通選挙制度を導入し代表民主制を実現したのがイギリスです。成人男性であって国籍さえあれば，誰もがひとり一票を持って政治的課題を解決するやり方です。このやり方においては，選挙民は自由に投票できますし，ひとり一票持つのですから平等でもあり，この点では自由で平等な政治体制です。

それでも，この選挙制と間接民主制が人びとの自由と平等を保障することはない，と法学者や政治学者の大半は考えています。その理由は，こうです。

① 議員たちが自由に公然と発言し票決できれば議会は民意を再現（represent）できる，と期待されたこともあった。が，現実の議会は，自由闊達な討論どころか，裏取引，党議拘束等によって「出来レース」を繰り返している。

② 議会は，民意をすべて忠実に再現することはなく，多数者の意見だけを反映する。いや，多数者の意見すら反映しないかもしれない。

③ いや，実際，議会によって代表される意見は，多数者でもない，声の大きい集団の利害であることが多い。

④ ということは，議会で決定されることは，ある集団にとっては有利であるが，少数者や声の小さい人びとにとって不利となりうる。

⑤ 議会における決定が，すべての人の自由と平等を同時に実現することはない。

法学者や政治学者のなかには，こうした議会政治（議会制民主主義）の欠陥を重視して，“直接民主制この政治の本道だ”と主張するものもいます。治者が同時に被治者となる体制こそ，真に民主的であり，同時に人びとを自由にするはずだ，というわけです。

間接民主制はなぜ正当なのか

イギリスの首相だったW・チャーチルは，「民主制は最悪の政治形態ということができる。これまでに試みられてきた，他のあらゆる政治体制を除けば」と述べました。これは，間接民主制以外，どうも正当化できない，という逆説的な表現です。

たしかに，絶対王政よりは民主制がわたしたちの自由と平等には好ましいでしょう。ファシズムのごとき全体主義よりは民主制が望ましいでしょう。

民主制は，歴史上試みられてきた「他の政治体制」より，どこが優れているのでしょうか。

次のような解答が考えられます（下記の解答以外もあるでしょう。皆さんなら，どう答えますか）。

解答１＝政治には多数者の意見が反映されることこそ重要だ。このためのしくみが議会である。この重要さは，ひとりが政治をなす君主制，少数がなす貴族制と比べれば，すぐにわかる。

解答２＝民主制においては，選挙において多数の票を獲得したグループ（たとえば，政党）が政権を握る。議会は平穏な政権交代の舞台である。平和のうちに政権交代が可能だ，という点がこの制度のメリットだ。このことは，クーデターによる政権交代と比較すれば，すぐにわかる。

解答３＝議会における少数派は，次の選挙で多数になろうと思えば多数になれないことはない。議会は，政権担当をめぐる自由競争なのだ。このことは，一党独裁の国と比べれば，すぐにわかる。

解答４＝選挙民も，前回の選挙では多数派に投票したものの今回は少数派に票を入れる，という自由な選択ができる。選挙民は，政治の消費者として，与党または野党のマニフェストを購入したりしなかったりすればよい。それだけ選挙民は政治的に自由である。

解答５＝普通選挙制においては，有資格者であれば誰もが平等にひとり一票持って政治のあり方を自由に決定できる。このやり方は，全員の自由意思で政府を作りあげる「社会契約」と似ている。違っている点は，社会契約が一度きりであるのに対して，選挙制では定期的に何度も契約をやり直すことができることである。それだけ，選挙民は，自由に定期的に国づくりをしているのだ。

間接民主制は，それでも，なぜ歯止めを要するのか

国民の代表としての議会が君主に対抗するために歴史に顔をだしたとき，国民の自由と権利にとって希望の星でした。なにしろ，**《危険は君主からやってくる》**時代でしたから，《われわれ国民は，議会を通しての民主制を実現すれば，君主の専制から解放され，自由を手中に収めることができる》と期待されました。そして，実際，議会制民主主義はこの実現に貢献しました。

ところが，君主という対抗軸を失ったとき，議会が少数の意見を反映していない（多数の意見すら反映していない）ことを人びとは知りました。間接民主制には，「多数派／少数派」または「声の大きな集団／声すら発せられない集団」という溝があるのです。この溝をそのままにして，多数者が政治を決することでよし，としているわけにはいきません。**《危険は議会からもやってくる》**ことを国民は体験して知ったのです。

多数で決しないルール

繰り返しますと，民主主義とは，政治の方針や課題**を集団として決定する**際の方法のことです。この集団としての決定に，あなたやわたしの意見，あなたの権利・自由の保護が含まれているという保証はどこにもありません。あなたやわたしの，個人としての決定は，集団の決定とは違っているのが普通でしょう。

となりますと，決定の項目（課題）によっては，集団で決定させない，とか，民主的に決定されたとしても，「この決定は無効だ」と誰かが判定するしくみを憲法に組み入れておくことが賢明でしょう。

日本国憲法に定められている「自由権」（たとえば，信教の自由，表現の自由，学問の自由）は，“集団では決定させない”と事前に明示しておく工夫です。

また，違憲審査制（⇒**第 8 章 *4***）は，民主的に決定されたとしても，「この決定は無効だ」と裁判所が判断するしくみです。

憲法に列挙されている自由権規定，そして，違憲審査制は《ある決定は，個々人の自由な選択に任せるべきだ》という**自由主義**（リベラリズム）の表れです（⇒**第 3 章**）。そういえば，自由主義 liberalism の語源は「社会的・政治的に制約されていない」ことでした。

集団で決定するより，弾力的な決定方法

概していえば，歴史に名を残した思想家や哲学者たちは，自由主義を重んじ，普通選挙制を基礎とする間接民主制ですら警戒すべし，と考えてきました。間接民主制は，直接民主制ほどではないにしても，大衆の激情，短期的な反応によって，多くの争点が政治問題とされがちです。そのため，目先の課題を解決しようとする法律が多数制定されたり，声の大きい集団の利益が法律となったりします。これでは個々人の自由な選択をせばめてしまいます。

たとえば，気象の大変動で野菜の生産量が激減し価格が急騰したことを重くみた国会が，「大都市近郊の農地では○○野菜を作り，過疎地農地では☆☆野菜を作り，一束△△円で販売しなければならない」と農家に義務づける法律を制定したとしましょう。自分の土地で花を栽培して生計をたてようしていたあなたは，この法律のせいで，自由に自分の計画を進めることはできなくなります。いったんできあがった法律をあなたの声で改正することは困難です。

うえにあげた例は，筆者の作ったフィクションですが，案外，これと類似の法律が既に無数に制定されているようです。わたしたちは，ある課題を政治的に解決しないやり方をまずは考えてみるべきです。集団的決定によらないとき，人それぞれの独創工夫によって弾力的な解決策が自主的に現れることでしょう。

民主主義を警戒する国，アメリカ合衆国

民主主義への警戒感の話に戻りましょう。

アメリカ合衆国憲法は，大統領制を選びました。ひとりの人物に重要な政治方針を決定させるやり方です。なぜ大統領制かといえば，内閣のような合議制では責任が分散し，政治方針も揺れ動くと建国の父たちは知っていたからです。

アメリカの大統領は，選挙民によって選ばれる「民主的君主」ともいうことができるほど，ひとりの人間が君主に似たほどの大きな権力を持っています。連邦議会の上院が州の代表，下院が各選挙区の代表だとすれば，大統領は全国民の代表です。

この代表の選出にあたって合衆国憲法は，間接選挙制を意図的に選びました。それは，大統領選出に大衆の激情が直接に流れ込まないよう歯止めをかけようとするためです。このやり方について，ある人は“大衆を危険視する，エリート特有の鼻持ちならない考えだ”というかもしれません。これに対して別の人は，“エリートの臭いを持っているかどうかは重大なことではない，このやり方のほうが穏やかな政治となるのだ”というでしょう。

わたしたちは，アメリカ合衆国を民主主義国家のモデルであるかのように扱う傾向がありましたが，実のところ，アメリカは，モンテスキューの権力分立論（⇒**本章 *3***）に影響された憲法を持つ国です。ということは，**民主主義の過剰が警戒されている**，と予想していいでしょう。

同国憲法の Bill of Rights（⇒【コラム】1），司法審査制（違憲審査制⇒**第 8 章 *4***）も，多数で決しない，というルールです。立憲国家・立憲主義憲法は，多数で決定しないというルールを取り入れています。

【コラム】3 ――キャピトル・ヒルの謎

本文には，アメリカは民主主義の国ではない，と予想を裏切る記述があります。こう断言する憲法の教科書はめったにありません。でも，筆者は，本文の記述が正しいと確信しています。

『ダヴィンチ・コード』で一躍有名になったダン・ブラウンは，『ロスト・シンボル』（角川書店，2010年）において，次のように書いています。

「当初，建国の父たちはこの国の首都を“ローマ”と命名した。川には“テベレ川”と名づけ，神殿や礼拝堂からなる古代様式の首都を築き，建造物を歴史上の偉大な神々――アポロン，ミネルヴァ，ヴィーナス，ヘリオス，ウルカヌス，ユピテル――の像で飾り立てた。」

建国の父たちにとって「新世界」の理想像はローマの共和制だったのかもしれません。そういえば，連邦議会の上院の英語表記は Senate，これもローマの元老院の名に由来しています。キャピトル・ヒルの風景も，古代ローマを連想させますね。

次章への見通し　この序章で筆者が一番いいたかったことは，次の点です。

これまでわたしたち人類は，国を治める力をルールに従ってなさしめるにはどうすればいいか，苦悩しつづけ，やっと《憲法というルールに基づいてなす》という考え方に到達したのだ，ということです。この考え方が「立憲主義」でした。

立憲国家・立憲主義憲法は，どんな歴史のなかで登場したのでしょうか。歴史を振り返れば，この序章でのあらすじがもっとわかってくることでしょう。

【まとめ】

・国のあるところに憲法がある。このうち，憲法が一定の内容を持っているものを立憲国家の憲法という。
・基本的人権を保障し，権力分立を定めている憲法は「立憲主義憲法」と呼ばれ，これを持つ国が「立憲国家」と呼ばれる。
・憲法は，わたしたちの人権を守るために，国を治める人たち（立法権，行政権，裁判権などをふるう人たち）に宛てられたメッセージである。しかも，そのことをはっきりとさせるために文章化される（成文憲法とされる）ことが多い。
・憲法は，自由を中心とする人権保障を定める部分を持たなければ意味がない。
・自由を保障するためには，統治のしくみを権力分立とすることが望ましい。権力分立は，政治的決定を単独でなさせない工夫である。
・立憲国家は，民主制を全面的に実現しようとする国ではなく，民主制に適度な歯止めをかけて，わたしたちの自由を守ろうとしている。
・民主制は，大きくは，直接民主制と間接民主制とに分かれる。フランス革命期には，直接民主制を実現することこそ自由を実現することだ，と期待された。これに対して英米においては間接民主制こそ政治の常道だ，と考えられ，しかも，この民主制にも歯止めをかけようと工夫された。
・英米におけるこの歯止めは，自由主義の考えを基礎としている。権力分立，基本的人権保障，司法審査制は，自由主義の表れである。
・立憲国の憲法は，民主主義と自由主義とを適度にブレンドしている。民主主義の表れが議会（日本でいえば，国会）と，議会構成員を選ぶための普通選挙制である。

【参考文献】　阪本昌成編『これでわかる⁉憲法〔第２版〕』（有信堂，2001年）は，本書の母親ともいうべき本で，表紙はマンガティックですが，内容は一見したよりは重厚でありながら，分かりやすい解説となっています。

樋口陽一『個人と国家』（集英社新書，2000年）は，民主主義という言葉があまりに散漫に使用されてきたことを的確に指摘しながら，立憲主義の意義こそ真剣に追い求められるべきだ，と読者を誘導しています。

民主主義と自由主義とが両立しがたいことについては，阪本昌成『リベラリズム／デモクラシー〔第２版〕』（有信堂，2004年）をみてください。また，立憲主義のモデルは，フランス革命ではなく，アメリカ合衆国に求めるべきではないかという主張を展開した阪本昌成『新・近代立憲主義を読み直す』（成文堂，2008年）も参考にしてください。

第1章

立憲国家が登場するまで

1　身分制社会とその崩壊

身分制社会

今，わたしたちが「国家」とか「国」とか呼んでいる存在は，16世紀に姿を現しました。それまでは，国の境もあいまいで，その中には有力な領主があちこちにいて，自分の支配地とその住民に対して命令したり課税したり裁判したりしていました。その領土に住む人たちにとって，国という考え方も国の権力も実感からほど遠く，この自分たちの生活領域における身分こそが決定的な意味を持っていました（⇒**序章 2**）。たとえば，農奴の子として生まれた人は，農奴としての権利・義務に従って生活しました。このように，生まれたときから自分の属する集団と，集団内での地位が固定されている社会を「**身分制社会**」といいます。領主の主たる役割は，身分制のルールを維持することでした。

絶対王政の誕生

そうこうするうちに，ちゃんとした徴税体制をしいて収入を増加させ，この金銭をもとに自前の軍隊を持つことに成功した人物がでてきました。これまでのように，雇い兵で戦争していては完全勝利はおぼつかないと，この人物は眼力を効かせたのです。この人物は，自分の軍事力を使って次々と領土を平定していって**君主**（国王）となりました。君主にとっては，これまでの伝統，団体，身分等は，自分が国を治めていくうえで邪魔ですから，これらを破壊し，領主の持っていた権力（立法権，課税権，裁判権等）を吸いあげ，できるだけ自分のもとに集め，支配を全国に広げていきました。そして，彼は，「われこそ国家」であり，「この領域がわが国家の領土」であり，「領土に生活する人びとはわが臣民」だ，と宣言しました。この領土と臣民を支配する力，つまり，**主権はわれにあり**，というわけです。こうして，中世の身分制社会は崩壊し，君主を主権者とする国家（領土，国民そして主権を持つ国）が成立したのです。

絶対権としての主権

君主が領土や国民を支配する力は「主権」と一般には呼ばれますが，正確なニュアンスをだすには“**絶対権**のことだ”とイメージするほうがいいでしょう。

絶対権という用語は，“君主となったわれは，これまでのように，ローマ教会から口出しされることはなく，領主・貴族・ギルド等におもねる必要もない”と内外に向かって主張するためでした。絶対君主の誕生です。絶対君主が支配する体制は「**絶対王政**」（絶対主義）と呼ばれます。フランスでいえば，ブルボン王朝の時代がこれです。

絶対権の正当化

絶対君主といえども“自分が絶対的な権力を持っている”と宣言するだけでは説得的ではないことを知っていました。そこで，君主は「なにゆえ，自分が絶対的権力を持つか」と内外に説明しようとして，**王権神授**を唱えました。“自分は神によって称えられて主権を授かったのだ”というわけです。このことを内外に示すために王は，教皇の出席のもと，宗教的儀式のなかで，ローマ教皇から王冠をかぶせてもらったり，聖なるオイルを注いでもらったりして，自分の一身に権力が象徴されるよう最大の工夫をしました。キリスト教の影響が強いヨーロッパにおいては，聖書の言葉や神の権威を引き合いに出すことが必要だったのです。そこで，宗教的儀式を通して「われこそ，国の正当なる代表だ」と自分の権力を誇示したわけです。

ルイ14世（在位：1643〜1715年）の有名な「朕は国家なり」というせりふに表れているように，君主は，国の財産，軍隊，官僚組織（今でいう公務員制度）を自分の所有物だと考えておりました。自分の財産を大きくし，自分の威信を高めるためには，戦争に勝つことが第一でした。道路や港の整備，産業振興策もそのためでした。たしかに，君主は「臣民の自由を無視することなかれ」「慈善を施せ」「聖書のいうことを軽視してはならぬ」等々の教育（帝王学）を受けてはおりました。が，しかし君主は，外敵によって国の存亡の危機にさらされたときには，臣民の自由など無視してよく，また無視すべきだ，とも教えられていました。

臣民の自由，財産や文芸を尊び，宗教にも寛大な君主もみられましたが，君主の権力を制限する憲法がありませんでしたので，君主政治は専制政治になりがちでした。

2　歴史の大転換——絶対王政の崩壊へ

宗　教　改　革

ところが，歴史の一大転機がこのあたりでみられることになります。

歴史を変えたのが，**宗教改革**という運動と，**啓蒙主義**という思想でした。まずは，宗教改革からみていきましょう。

わたしたちは，「宗教改革」という言葉やルター，カルヴァンがその主導者であったことを中高の授業で学習しました。そして，宗教改革とは，聖書の解釈についてカトリック教会の考え方に抵抗する（プロテストする思想＝プロテスタンティズムの）大運動であったことも知っています。

個々人の信仰という自由な領域

プロテスタントの人たちは，《国や教会に無批判に服従することは聖書の教えに反することだ》と主張しました。何が正しい信仰であるのか，何が正しい聖書の解釈であるのか，これらはカトリック教会・修道院が決定することではなく，信者一人ひとりがその良心に従って判断すべきことだ，とプロテスタンティズムは考えました。この運動を通して人びとは，人間には教会や国の**権力の及ばない信仰という私的な領域**があり，この信仰に従って生きる自由が自分たちにはある，と気づきました。自分たちの生き方の物差しである信仰とその自由を知った人びとは，世俗の権力を持っている君主が実際に正しかどうか，問いはじめました。正しい君主の権力だけに服従すればいい，というわけです。

啓蒙思想

君主権力の正しさを再検討しようとする流れを一挙に加速したのが啓蒙主義の思想でした。この思想にも多種多様なものがありますが，影響力が最も大きかったのがＪ・ロックの自然権，自然法そして信託の理論でした。

王権神授説は，聖書の解釈を一つの論拠としていました。たとえば，君主と臣民の区別，君主の支配権，この支配権に服する臣民という秩序は，神が父としての地位をアダムに与えて以来の神意だ，と聖書を解釈して，神授説を正当化しようとした思想家もありました。ロックは，この王権神授説を論駁するために『統治二論』という本を公刊しました。

自然状態

ロックは，こう考えました。

《神の姿に似せて作られた人は善悪を判断する本来的な知恵を持っている→倫理的で正しくあろうと努めることが人間の本性である→人間は，その本性の能力を使って，わたしたち全員に刷り込まれているはずの正しい法（法則）を発見できる》。

この考え方を証明しようとして，彼は，国ができあがる前の「**自然状態**」

(natural state) をまず描き出しました。そこにおいては，すべての人が「本来的な正しい法則＝**自然法**」(natural law) のもとでそれぞれの「本来的な権利＝**自然権**」(natural right) を尊重しながら協働生活を送っている，と彼はいうのです。

自然状態の不都合

ただし，自然法のもとでの協働生活には，一つだけ欠陥がある，とロックはいいます。それは，自然法を破る人物が登場したとき，自然状態にはこの人物を罰する力が用意されていないことです。この不都合を避けるために全員が合意して，政治状態（自然状態を抜け出た状態）を作りだします。この合意は，これまで「社会契約」として一般に説明されてきましたが，ロック自身，社会契約という用語は一度たりとも使っておらず，**original compact** といっています。「はじめての協約」，つまり，自然権を保全するために統治権力（政治的共同体）を作りだそうと承諾（信託）することです。この信託に統治権力がこたえないときには，人びとは協約を破棄して新しい協約のもとで別の統治権力を樹立し直すことができる，ともロックは述べています。

暴君討伐の理論の成果

このロックの主張は，暴君となった絶対君主を討伐する理論として格好でした。もともと自然法，自然権という考え方はギリシャの時代からありながら，政治をコントロールする力を実際に発揮したことはありませんでした。が，ロックの時代状況がこの理論を歓迎しました。身分制から解放され，また，カトリックの神学から解放されて自由の身になろうとした人びとにとって自然法・自然権の理論――人間はみな生まれながらに平等であるという考え方――は，輝きを放っていたのでしょう。

事実，プロテスタンティズムと自然法思想とがヨーロッパの国とその政治のあり方を，革命的に変えていきます。この最初の画期的な事態がイギリスの**名誉革命**でした（1688～89年）。序章でふれたように，これによってイギリスは憲法によって君主の力をコントロールする「制限された君主制」となっていきました。

フランス革命

フランスにおける市民革命は，イギリスよりもずっとラディカルでした。庶民は，絶対君主と，君主の周辺に寄生していた貴族や僧侶の腐敗ぶりに怒りました。ちょうどその頃，貴族でもなく，僧侶でもない「市民」（ブルジョアジー＝「第３階級」）が新勢力として登場してきました。この市民は，庶民を巻き込んで，絶対王政という旧い体制（アンシャン・レジーム）を革命によって打ち倒しました。1789年のフランス革命です。

この革命は，旧い伝統，旧い体制を根絶して，人びとの同意に基づく政治体制をあらたに作りあげようとしました。この革命の際に発せられたのが「フランス人権宣言」です。この16条には，「権利を保障せず，権力分立を定めない社会は，憲法をもたないに等しい」とあります。これが立憲国家の基本原理だ，といわれてきた点については，序章で既にふれました。

この時期以降，国制は憲法典として文書化され編纂されるようになりました。成文憲法です（⇒**序章**）。憲法が人びとの協約である以上，文書中に明文化しておくべきだと考えられたのでしょう。

3　多種多様な現実の立憲国家

自然権か，憲法上の国民の権利か

本書はこれまで，立憲国家の憲法は基本的人権と権力分立とを定めているところに特徴がある，と強調してきました。これは，あくまで，大きな流れをとらえてのことで，実際の欧州諸国の憲法は，この基本理念をさまざまに修正し現実にあわせました。

【コラム】 4 ――フランス人権宣言の謎

わが国の法学者は，フランス人権宣言のなかに立憲国家の原理がうたわれている，と信じてきました。この宣言の正式の名称は「人および市民の権利宣言」です。人とは homme，英語でいえば man，市民とは citoyen，英語でいえば citizen のことです。Citoyen は「市民」と通常訳されますが，そのニュアンスは“政治に目覚めている人”のこと，いうなれば「公民」のことです。革命期における「市民」とは，政治に目覚めフランス革命に共鳴する人を指しました。ですから，この宣言は，ひとかどの男と，革命に共鳴する公民の権利をうたったものだ，といえるでしょう。このことに気づいたとき，フランス人権宣言は，革命期に書かれた政治的な PR 文書であって，統一的な法原則を持ってはいない，というべきでしょう。

君主の力が強い国では，「権利は憲法によって国民に与えられる」といわれました。「君主／臣民」という対抗軸を持っている国では，自然権思想は受け入れがたかったのです。しかも，憲法上の権利が権利として具体的な力を持つには──たとえば，憲法上の権利を侵害されたことを理由にしてわたしが国を相手に損害賠償請求の訴訟を起こすためには──法律の制定を待たねばならない，とも考えられました。

これに対して，市民の力が強い国では，自然権思想が強い影響力をもちました。

「法律なければ行政なし」の原則

権力分立という理論も，実際に憲法が制定される際には，それぞれの国の現実を反映して，さまざまな構造となりました。

君主の力が強い国では，君主の地位が温存され，君主も立法権を持ち，議会が法律を制定できる範囲は「国民の自由と財産を直接に制限するとき」に限定されました。こうした国であっても，「危険は君主からやってくる」ことが知られていましたので，憲法は，《君主の臣下たちは議会の制定した法律がなければ，何も活動できない》と彼らをコントロールしました（⇒**序章 *3***）。

議会の制定した法律を個別的具体的なケースにおいて実現する活動を「**行政**」といいます。「行政」という言葉を使って，うえのことを言い換えれば，《行政という活動は議会の定めた法律を執行することだ》，《法律があれば行政は活動できるが，法律がなければ行政という活動はありえない》となります。

法律があってはじめて行政は法律の枠内で活動できる，という原則を「**行政の法律適合性原則**」ということもあります（⇒**第6章［用語解説］**）。

議会中心の権力分立

「法律なければ行政なし」という原則は，君主にも立法権があることを前提にしつつも，この君主の立法権を削ぐための考え方でした。

これに対して，市民勢力が優位にたつ国は，市民の代表機関である議会の力に期待して，議会の立法権を強化・拡大しようとしました。このとき，君主を中心に描き出したモンテスキューの権力分立のデッサンは，その原型から大きく修正されました。本来，自由主義の考え方を基礎としていた権力分立は，民主主義を中心とする姿に書き換えられて，民主的な議会こそが立法権を独占すべきだ，という主張となっていきました。つまり，(i) 議会が必要だと判断すればいつでも法律を制定できる，(ii) 立法権は議会だけが持つのであって，行政は議会の制定した法律を執行するだけの力しかもたない，というわけです。うえでふれた「行政の法律適合性原則」は，民主主義が歓迎されるなかで，君主の立法権をかき消しました。

三権分立って？

わたしたちが「日本国憲法は，国会が立法権を，行政が法律の執行権を，裁判所は法律に基づいて裁判権を持つ，という三権分立となっています」といいがちなのは，うえのような民主主義を中心とする権力分立のとらえ直しと関係しています（⇒**序章 *4***）。三権分立のイメージは，議会中心主義の，修正された権力分立の姿です。この理解のしかたは，“君主や大臣は行政，すなわち，法律執行の担当者にすぎない”というわけですから。

ところが，どんな国でも，君主（後には君主に代わってでてきた大統領）や大臣（君主のもとで君主に助言を与えてきた人，後に，これに代わってでてきたのが内閣）は法律を執行する部門ではないのです（**序章**の**【コラム】2**，**第7章第*3*幕**の**【用語解説】**をみてください）。

三権分立という用語と理解は，「立法／行政／司法」と国の政治活動を縦割りに三分割したうえで，議会の立法（法律）のもとに行政と司法とを置こうとする議会中心主義を表しています。これは，民主的な議会こそ国の政治の中心にあるべきだ，という民主主義貫徹のための考え方です（⇒**序章 *4***）。

わたしたちは，権力分立のねらいが民主政治実現のためにあるのではないことをここで思い出したほうがいいでしょう。

地方自治という地方分権の考え方も，権力分立の重要な要素です。三権分立という用語では，地方自治のねらいが漏れてしまいます。

【まとめ】

・絶対君主が身分制社会を解体し近代国家の基礎を作りあげた。
・絶対君主は，何ものにも拘束されない主権（絶対権）の保持者だ，と内外に宣言した。
・君主の主権といえども，それが正当であることの論拠づけを必要とした。この理屈が王権神授説である。
・王権神授説が根拠薄弱であることは，宗教改革，啓蒙思想によってしだいに明らかにされた。啓蒙思想のなかでもロックの理論は，暴君討伐のために歓迎され，市民革命の原動力となった。
・市民革命の頂点がフランス革命だった。革命にあたって発せられた人権宣言は，その16条において「権利を保障せず，権力分立を定めない社会は，憲法をもたないに等しい」という趣旨を明言した。これが立憲主義の原理となった。
・権力分立は，国によってさまざまに変容されながら取り入れられた。
・さまざまとなったとはいえ，権力分立の共通するねらいは，「法律なければ行政なし」という原則を実現することにあった。
・民主政治に期待をかけた国においては，「立法／行政／司法」という三権分立という考え方が好まれた。なぜなら，行政と司法を立法のもとに置けば，これらの毒が消される，と期待されるからである。
・それでも，権力分立とは，民主主義に歯止めをかけるしくみだ，という視点は忘れられてはならない。

【参考文献】　関曠野『歴史の学び方について』（窓社，1997年）。これは，暴力か神話によって国が治められた時代から，今日のような憲法に従って国を治める時代へと展開してきた歴史を振り返りながら，このことがなぜできるようになったのか，わたしたちに簡潔に説く良書です。この本の「第Ⅱ部　自由と国家を問わずして歴史は語れない」は，立憲主義の流れがヨーロッパのキリスト教の歴史的な流れと関連していることを的確に突いている点で，出色です。

西洋の政治史観を古代から現代まで通しで知ろうとすれば，福田歓一『政治学史』（東京大学出版会，1985年）がお勧めです。これは，福田教授の東大における講義録です。

憲法の歴史を詳細に知りたいというときには，樋口陽一『比較憲法〔全訂第3版〕』（青林書院，1992年）をひもといてください。

一、憲法は大人の学問
二、正しい見解は
されることがない
三、理性などは信じてはいけん
by私の理性

第 2 章

日本国憲法の基本的なしくみ

1　日本国憲法制定までの経緯

ポツダム宣言の受諾

1941年12月 8 日，日本海軍による真珠湾攻撃からはじまった太平洋戦争は，日本が，1945年 8 月10日に「ポツダム宣言」をのむことによって事実上終わりました。この宣言は同年 7 月26日，アメリカ・イギリス・中華民国がドイツのポツダムにて発したもので，このまま戦争を継続すれば日本の国土は完全に焦土と化すだろう，と日本に対して警告すると同時に，戦争終結の条件として，次のような要求を掲げました。関連項目の英文を筆者が意訳してみます（頭にある数字は「項」を指しています）。

6　日本国民を欺して世界征服の道へと誤らせた人物の権限と影響力とは永久に除去されなければならない。なぜなら，無責任な軍国主義がこの世界から追い出されるまでは，平和で安全で正義に基づいた新しい秩序はできあがらない，とわれわれは考えるからである。

7　このような新しい秩序が確立され，日本の戦争遂行能力は破壊されたと確証が得られるまで，日本領域のうち連合国が指示する諸地点は，ここに示されている基本目的を達成するため，占領される。

12　以上の目的が達せられ，日本国民の自由に表明する意思に従って，平和を志向する責任ある政府が樹立されるとただちに，連合国占領軍は撤退するものとする。

うえの条件は，①軍事的勢力を永久に追放すること，②軍隊が完全に武装解除され，宣言の掲げる条件が実現されるまで連合国が占領すること，③日本国民の自由に表明する意思に基づいた責任ある政府を作りあげること等を日本に求めるもの，です。これを受けた日本の軍隊の指導者は，これを黙殺することとして，アメリカ軍との本土決戦まで戦おうとしました。が，広島（1945年８月６日），長崎（同年８月９日）の原爆投下を目の当たりにして，ついに８月14日，最後の御前会議にてこの宣言を受諾すると決せられました。

連合国による憲法改正作業

うえに引用したポツダム宣言７項にいわれたように，日本は連合国の占領下に置かれました。

連合国最高司令官Ｄ・マッカーサーは，日本占領の最初の政策として，憲法改正を当時の政府に要求しました。憲法改正作業にあたった人たちは，「国体」つまり，「世界に例をみない，天皇を中心とするわが国特有の精神的文化的体制」を変えない方針でおりました（皆さんにとって「国体」といえば，国民体育大会でしょうが，ここでの「国体」はそれではありません。蛇足ながら）。ところが，マッカーサーは，この日本政府の方針を拒否し，新しい憲法の骨格として三原則を（この原則は「マッカーサー・ノート」ともいわれます。**「資料１」**を参照してください），憲

法草案起草の責任部署に示し，９日間で原案を作らせました。この原案は，1946年２月13日，「マッカーサー草案」（GHQ 草案）として日本政府に提示されました。

明治憲法の改正としての日本国憲法

当時の内閣（幣原内閣）は，マッカーサーの案に沿って「憲法改正草案要綱」を作りました。これに少し手を加えた「帝国憲法改正草案」が，**明治憲法73条の定める改正手続に従って**帝国議会（明治憲法時代の議会）に提出され，天皇の裁可（承認）を経て，日本国憲法として誕生しました（1946年11月３日公布，1947年５月３日施行）。

ところで，改正前の明治憲法とは，どんなものだったのでしょうか？　日本国憲法の特徴は，明治憲法という対抗軸を置けばくっきりと浮かび上がることでしょう。まずは，明治憲法の特徴をみて，その後，《日本国憲法は明治憲法の「改正」であるか⁉》という論争に入ることにしましょう。

2　明治憲法の特徴

明治憲法制定の背景

正式名称を「大日本帝国憲法」とする明治憲法は，1889年に制定されました。これによって日本も，やっと一応の立憲国家になりました。

後進国として出発した日本は，先進国に「追いつけ追い越せ！」という課題に直面しておりましたから，まずは，諸外国に《日本も憲法を制定して立憲主義の国になりました！》と宣言し，当時の不平等条約について交渉し直すきっかけとしようとしました。また，憲法制定の背景には，当時，板垣退助らによる国会開

資料１　：　マッカーサー三原則

１　天皇は国家の元首の地位にある。皇位は世襲される。天皇の職務および権能は，憲法に基づき行使され，憲法に表明された国民の基本的意思に応えるものとする。

２　国権の発動たる戦争は，廃止する。日本は，紛争解決のための手段しての戦争，さらに自己の安全を保持するための手段としての戦争をも，放棄する。日本はその防衛と保護を，今や世界を動かしつつある崇高な理想に委ねる。日本が陸海空軍を持つ権能は，将来も与えられることはなく，交戦権が日本軍に与えられることもない。

３　日本の封建制度は廃止される。貴族の権利は，皇族を除き，現在生存する者一代以上には及ばない。華族の地位は，今後どのような国民的または市民的な政治権力を伴うものではない。予算の型は，イギリスの制度に倣うこと。

設要求にみられたような民主化運動がこれ以上広がらないよう，先手を打つというねらいもあったようです。

憲法制定にあたって伊藤博文を中心とする調査団は欧州に出かけ，諸国の憲法を調べました。実のところ，欧州に出かける前から国の根本構造はデッサンされ，(i)主権者を天皇として憲法は天皇が定めること，つまりは欽定憲法とすること，(ii)自然権的な考え方にはたたないこと，(iii)議会の力を強くしないこと，とされていました。これをひとことで言えば，単一国家としてその基礎を固めるには，天皇の権威を中心とする政治体制を国家の根本構造とすべし，ということでした。

「万世一系」が支える国制

明治憲法の制定は，立憲君主制を作りあげることを一つの目的としていました。立憲君主制も，憲法に従った政治を実現しようとする点で立憲主義の一つです。

ところが，明治憲法は立憲主義に収まりきらない特徴を持っていました。これが「国体」という日本特有の考え方です。

「国体」とは，神武天皇以来の万世一系の，神の末裔としての天皇が政治的にも道徳的にも中心となる体制のことです。

このことは，明治憲法の冒頭にある「告文（つげぶみ）」に端的に表れています。

告文は，戦後生まれの人には読めないでしょうし，筆者にも読めませんので，以下ではその趣旨を書いておきます。

《わたしは，わたしの先祖である神から，この国の主権者となるようお告げを受けた。わたしは，もともとは何ものにも拘束されない絶対的な主権者であるが，この憲法を制定して，これに従って国を治めることを臣民であるあなたた

【コラム】 5 ――国体の謎

絶対君主といえども，その絶対的な力を正当化するために，王権神授を語ったことについては，本書は既にふれました（⇒**第 1 章** ***1***）。王権神授説の特徴は，“君主たるわれは決して神の子ではない。が，しかし……”という点にあります。生きている人間が「自分は神の子だ」と公言できるのは，キリスト教の社会においてはイエス・キリストだけです。キリストと同列になれる君主は，教義上，存在しないのです。

これに対して「国体」思想は，“われは神の子なり”というのですから，王権神授説を超えています。神話のなかに政治の正当性を見出そうとする日本特有のものの見方でしょうか。不思議ですね。

ちに約束しよう。》

このように，明治憲法の基本は，神の末裔としての天皇が主権者だという点にあるわけですから，立憲主義国の特徴――人権保障と権力分立――は，できるだけ薄められました。**明治憲法は，「国体＞立憲国」という図式を採用した**，といえばいいでしょう。多くの立憲国にみられる政教分離ではなく，祭政一致の原則がとられたり，当時の皇室典範が憲法（国制）の一つであって，明治憲法や法律の外にある，といわれたりしたのは，国体優先のせいでした。

天皇が与えた権利

明治憲法は，人権保障について，どんな立場をとったのでしょうか。

人権とは，文字通り，人であることによって保障される権利のことで，それを支えるのが「自然法（天賦人権）」の考え方です（⇒**第１章 *2***）。これに対して明治憲法は，意図的に「人権」という言葉を避け「臣民権利及義務」と表現しました。義務まで重視するとは，立憲主義の流れからは異例です。

社会契約を出発点とする立憲国憲法と，国体を基礎とする明治憲法とは，もともとの発想は，次のように水と油でした。

社会契約の発想　：　国を作りあげ，憲法を制定するのは，わたしたち国民だ。国民が主権者であり，国はわたしたちの自然権（人権）を守るためにある。

天皇主権の発想　：　日本は，日本書記に書かれているように，神によって作られた。それ以来，天皇が支配してきた。あなたたち国民は，天皇の臣下である。臣下が天皇に対して，“生まれながらに人権をもっている！”と主張することは許されない。臣民の権利は，この憲法によってあなたたちに与えられたのだ。

次に，権力分立についてみましょう。

不完全な権力分立

明治憲法には，次のような条文がみられました。

①「天皇ハ帝国議会ノ協賛ヲ以テ立法権ヲ行フ」（5条）

②「司法権ハ天皇ノ名ニ於テ法律ニ依リ裁判所之ヲ行フ」（57条）

うえの①は，もし立憲主義に忠実であろうとすれば，少なくとも《議会が立法権の重要部分を行使する》といわれるはずですが，“立法権の重要部分は天皇が握っており，ただ，議会にも立法への関与を許す”といった感じの文章ですね。日本国憲法41条の「国会は，……国の唯一の立法機関である」といういい方と比べてください。

うえの②も，“裁判所も天皇の権威によって事件を解決する”というところでしょう（日本国憲法76条と比べてみてください）。

はて？　立法権と司法権については，以上のようですが……もう一つ，国の政治活動があるはず……？

一般の教科書的な権力分立論（三権分立論）からすれば，「立法権，司法権，○○権」という○○には「行政権」がはいります。日本国憲法65条はこの行政権の担当者は内閣だ，と定めています。

では，明治憲法は，行政権の担当者をどう定めていたのでしょうか？

たしか，わたしたちは中高の日本史で，明治憲法の時代にも，伊藤博文内閣，東条英機内閣と呼ばれるような，内閣があったと習いました。ということは，明治憲法は，内閣が行政権の担当者だ，と定めていたのでしょうか？　答えは，No です。明治憲法には，不思議なことに，内閣に関する定めはどこにもみあたらず，それに近いものといえば，「国務各大臣ハ天皇ヲ輔弼シ其ノ責ニ任ス」という55条くらいです（⇒**第7章第3幕**）。これは，“大臣たちの役割は天皇に対して進言申しあげることです，そうした以上，天皇に対する責任は大臣各自がとりなさい”ということです。

不完全な立憲君主制

さてさて，行政権の担当者は誰だったのか？

明治憲法は「天皇ハ……統治権ヲ総攬シ此ノ憲法ノ条規ニ依リ之ヲ行フ」ことを基本方針としました。天皇が「統治権ヲ総攬」するとは，天皇が国を治める総元締め・主権者だ，ということを意味しています。立法権の元締めも天皇ですし，行政権だってそうです。ただ，天皇がそれらの権限を行使するときには，“議会の協賛（協力）をえなければなりません”“大臣の進言を受けなければなりません”という条件を憲法が付けたのです。さらに，最も重要な条件は，天皇がみずから「憲法ノ条規ニ依リ」国を治める，と憲法において約束したことでした。

ここで，「絶対君主」「絶対王政」の話を思い出してください。いかなる拘束も受けない君主だからこそ「絶対」と表現されたのでしたね（⇒**第１章** ***1***）。絶対王政は，一人に権力を集中させるわけですから，その権力の濫用を許し，人びとの自由にとって許しがたい暴挙につながったこともありました。だからこそ，人類は，政治を憲法というルールに従わせようとしたのでした。《君主といえども憲法の定めに従って国を治めなければならない》というわけです。これを実現するために憲法は君主に対して大臣の助言を得ながら政治をなすよう求めました。君主の政治が暴走しないよう，大臣たちがチェックするための制度です。絶対君主制と対照したとき，この**「大臣助言制」というしくみこそ，憲法に従って政治を行うよう君主の力を制限する「立憲君主制」のポイント**となりました。

輔　弼　制

先ほど「国務大臣ハ天皇ヲ輔弼シ其ノ責ニ任ス」という55条にふれましたが，これも，天皇に対して《ひとりで政治をしてはなりません。必ず，特定の分野を担当する大臣の進言を受けなければなりません》と憲法が天皇をコントロールしようとしているのです。が，西洋の大臣助言制にいう助言はまさに助言・忠告であって，君主はこれを尊重することを常道としてきたのに対して，明治憲法の進言は輔弼（ほひつ）制といわれます。これは

「臣としてお助け申し上げる」というニュアンスにとどまり，最終の決断は天皇にある，と理解され，実際そう運用されました。最小限の立憲君主制だった，というべきでしょうか。

天皇の立法権

権力分立構造を取り入れた西洋の立憲君主国においては，議会が立法権の重要部分を持つにいたったとしても，なお，君主の立法権は残されました。が，その領域は，国民の権利義務とは関連しない，君主の身近な内部的事項にしだいに限定されていきました。

これに対して明治憲法は，天皇の独立命令（9条），緊急命令（8条）という，大権としての立法権を残しました。独立命令とは，法律の拘束を受けないで天皇が制定し発する法であり，緊急命令とは緊急事態に対処するために天皇が制定し発する法をいい，これによって国民の権利を制限できました。

このように，明治憲法は，一見，権力分立制によりつつ，人びとの権利を保障する，という立憲主義を採用しているようですが，その実，立憲主義を徹底させる憲法ではなく，最小限の立憲君主制によることを明らかにした憲法なのです。明治憲法は，**外見的立憲主義**の憲法である，といわれることが多いのは，そのためです。

行政の法律適合性原則

大権としての立法権を天皇に残したという点では立憲主義を徹底しなかった明治憲法ですが，それでも，日本を**法治国にした**という点で，画期的でした。

立憲君主制を定める憲法は，君主が臣民に与えた憲法上の権利を制限するとき，君主に対してある原則を守るよう求めます。これが「行政の法律適合性原則」です（⇒**第1章**）。この原則をちょっと言い換えると，「国民の権利を制限し義務を課すときには，法律に根拠がなければならない」という考え方となります。これは，権利を制限するための根拠が法律に留保されていることを求めていますので，「**法律の留保**」原則または「**行政の法律適合性原則**」ともいわれます（⇒**第1章*3***）。

「法律の留保」原則は，君主に比べ議会が信頼に足りるとみられたからこそ登場した考え方です。すなわち，【君主の権力は臣民の権利にとって警戒されなければならない→議会は国民の代表である→議会こそ君主に対抗する勢力である→君主が国民の権利を制限するにあたっては，国民の代表である議会が何らかのかたちで意見表明すべきである→意見表明の機会が法律の制定である→法律がなければ君主といえども国民の権利を制限できない】というわけです。この考え方は，君主の権力を大きく制限することに成功しました（⇒**序章*4***）。が，明治憲法の制定までの背景を知ればわかるように，明治憲法は，法律の留保原則を徹底させませんでした。

もう一つの法律の留保

さて，皆さんは，中高での学習で，《明治憲法においては，法律に定めさえあれば人びとの権利を制限できる，とされていたために，今日では違憲とされて不思議ではない法律が制定された》ということを少しは習ってきたはずです。そのとき，「えっ？　憲法で表現の自由や信教の自由を保障するといいながら，議会が法律を定めて，たとえば，『邪教を信じる教団を作ってはならない』といえば，それで終わりなの？　何のために憲法は『信教の自由』を盛り込んだんだ？」と疑問に思った君は，実にセンスがいい！

その疑問はもっともです。ここで明治憲法が立憲君主制を実現するために作られたことを思い出してください。その点に気づけば，①明治憲法は君主（天皇）に対して，憲法の定めた△△の権利を守ろうとしたにとどまったこと，②議会こそ臣民の権利を守る砦だと期待されたために，議会に対して△△の権利を守るにはどうすればいいか真剣に考えられなかったこと，という二つの理由が浮かび上がるはずです。

この②のために《議会の制定した法律がなければ△△の権利は制限されない》という「法律の留保」の考え方が《議会の制定した法律があれば，△△の権利を制限できる》という考えかたにつながってしまいました。そのことを明治憲法は，**「法律ノ範囲内ニ於テ」「法律ノ定ムル所ニ従ヒ」**という言葉で表していました。

こうなると，憲法上の権利は法律さえ制定されれば簡単に制限されてしまいます。「法律があれば憲法上の権利でも制限できる」という考え方を，「マイナスの意味での法律の留保」と呼ぶことにしましょう。

実際に，明治憲法のもとでは，「マイナスの意味での法律の留保」は，マイナスの方向に利用されました。皆さんは，1925（大正14）年に制定された，「治安維持法」という名の法律を聞いたことがあるでしょうか？　この法律によって，社会主義者はもちろんのこと，多くの自由主義者の思想良心の自由・表現の自由などが侵されたのです。

日本国憲法は，マイナスの意味での法律の留保という考え方を否定しており，国会が制定した法律であっても，「公共の福祉」に適合していることを求め，さらに，適合しているかどうかを裁判所が審査できる，としています（公共の福祉については**第 3 章**で，裁判所の審査権については**第 8 章**でふれます）。

3　明治憲法から日本国憲法へ

明治憲法の「改正」？

明治憲法は，まがりなりにも「立憲主義」や「行政の法律適合性原則」を実現した点では画期的な意味をもっていました。ところが，これらの原則よりも国体思想を重視した明治憲法は，さまざまな弊害をうみました。昭和の初期にはとくに，天皇の存在を神がかり的にしようとする動きが強くなりました（⇒**【コラム】5**）し，天皇の統帥権（軍事作戦や軍隊の指揮命令権）には議会のコントロールは及ばないのだ，と陸海軍を中心とする勢力が公然と主張するようにもなりました。

連合国側は，わが国の軍国主義が明治憲法のこうした欠陥によって強められた，と感じたようです。だからこそ，既にふれたように，ポツダム宣言やマッカーサー3原則は，軍国主義を排すること，政治の主人公を国民とすること，議会の地位を強め天皇の地位を弱めることを求めたのです（⇒**資料1**）。

さて，先ほどの***1***で紹介したように，日本国憲法は明治憲法73条の定めるとおりの改正手続を通して制定されました。

日本国憲法の基本原則は，明治憲法とは大きく違っています。明治憲法は欽定憲法であり，主権者を天皇としていました。これに対して日本国憲法は，前文でいうように，「日本国民は，……ここに主権が国民に存することを宣言し，この憲法を確定する」と明言しています。こればかりでなく，戦争の放棄を定めている9条，社会権保障まで組み込んでいる第3章の「国民の権利及び義務」，司法審査制の導入（81条）等々をみれば，明治憲法から180度転換した憲法だといっていいでしょう。

このように，基本原則Aの憲法から，基本原則Xの憲法を「改正」によってうみだすことは，はたしてできるのでしょうか？

さまざまな解答

次の解答のうち，皆さんはどれが最も説得的だと考えますか？

解答1＝明治憲法は，ポツダム宣言を日本が受諾したときに無効となった。同宣言の12項が要求したように，“日本は，日本国民の自由に表明する意思に基づいた責任ある政府を作りあげること”を約束したのだ。この時点で，主権者を交替させる「革命」が既にあったのだ。日本国憲法が明治憲法の「改正」というやり方によったことは，当時の政治的混乱状況においては，やむをえない選択だった。

解答2＝「改正」とは，“改める”という意味だから，明治憲法の定める手続でその憲法を日本国憲法に改めることもできる。日本国憲法は，正当な手続に従いながら改められ，最終的には天皇が裁可されたためにできた

「欽定憲法」である。その成立の経緯について疑問視する必要はなにもない。

解答3＝改正とは，“元の姿を残しながら変えること”をいう。全部の「改正」は新しいものの「制定」だ，というのが適切である。ということは，明治憲法とは基本原則を大きく異にしている日本国憲法は，明治憲法の「改正」ではなく，「新しく制定された」とみなければならない。改正手続によって「制定」するというやり方にはもともと無理がある。この変則的な経緯を重視すれば，“日本国憲法はもともと無効だ”というか，そうでなければ，“経緯は不正常であるが，その後，主権者である国民が日本国憲法を憲法として受け入れた”というか，である。

日本国憲法の改正

すぐ上では，明治憲法から現在の憲法への「改正」について考えましたが，次に，日本国憲法の改正について考えてみましょう。

まず，改正のやり方（手続）について憲法96条1項は，第1に，改正案を国民に提案するには，各議院の総議員の3分の2以上の賛成を得なければならないこと，第2に，この改正案が国民投票において国民の過半数の賛成を得ること，と定めています。この改正手続は，法律を改正する場合の条件と比べて，極めて厳格です。憲法を改正するにあたって，法律を同じやり方ですむものを「**軟性憲法**」といい，それよりも厳格なものを「**硬性憲法**」と呼びますが，日本国憲法は“硬性憲法のなかの硬性だ”といってよいでしょう。

憲法改正国民投票法

96条は，憲法改正案を承認するにあたっては，「特別の国民投票又は国会の定める選挙の際行はれる投票」によると定め，そのための法律制定を予定していました。が，国会は長らく制定しませんでした。法律がもし制定されれば，それだけ憲法改正の動きが具体化する，という反対の声が強かったためです。「日本国憲法の改正手続に関する法律」が制定されのは2007年になってのことでした。これによって，18歳以上の日本国民が，個別の改正案ごとに，投票用紙に印刷された「賛成」または「反対」の文字を○で囲んで投票することになりました。

4　日本国憲法の基本原則

3原則は根拠薄弱？

わたしたちは，小学校以来の教科書で，「日本国憲法の3大原則」は「国民主権・基本的人権の尊重・平和主義」である，と教えられてきました。戦後すぐに，有名な憲法学者がそう説いて以来，教科書も新聞も，大学生向けの憲法の教科書の相当数も，3大原則をあげます。本当にこれが適切な捉え方なのでしょうか？

前文を読んでみよう

憲法の基本姿勢は，前文に書かれていることが多いようですから，わたしたちも，それを読みながら考えてみましょう（巻末の「日本国憲法」を開けてください。前文は，下手な日本語で書かれていますが，4つのパラグラフから成っていることはわかります)。何が目につきましたか？

第1パラグラフ＝①選挙された国会の代表者通じて行動する。国政の権威の源は国民にあり，その権力は国民の代表者がこれを行使する。②自由を確保する。③主権は国民に存する。④この憲法には，以上のような普遍的原理（＝時代や国を超えて正しいとされている考え方）が組み込んである。

第2パラグラフ＝⑤日本国民は恒久の平和を願い，平和を愛する諸国民を信頼して（＝国際協調に徹して）安全保障のあり方を考える。

うえの①は，デモクラシーのなかでも，間接民主制によって国を治めることを述べたものです。間接民主制とは，国民が選挙によって議会（国会）に送り出した議員（代表者）を中心にして，国の統治がなされることだ，ということは先にふれました（⇒**序章 *4***）。国の政治の権威（正しさの源）は国民にあるが，実際に権力を行使するのは代表者だ，というわけです（うえの①の傍点に注意して読んでください）。

この間接民主制の原則を受けるかたちで，15条が「普通選挙」を定め，第４章の「国会」（41～64条）が，国会はどのようなしくみと権限をもっているかなどについて定めています。

②は，自由という基本的人権が重要であることを指しているようにみえます。

③は，おなじみの国民主権のことです。主権が天皇から国民に移された以上，日本国憲法での天皇の扱いも明治憲法とは，当然に違ってきます。そのことは１条に表れており，天皇は君主ではなく象徴であるとされました（**象徴天皇制**）。

④は，自由をまもるために人びとが国を作りあげる，という自然権・社会契約を思い出させます。また，憲法は「普遍的原理」を組み込んでいるはずだからこそ，《憲法は法律や命令よりも上位に位置する法であり，憲法に違反する法律や命令は効力をもたない》といえるのではないでしょうか。第10章（97～99条）が「最高法規」と題して，しかも，98条が「この憲法は，国の最高法規であって，その条規に反する法律，命令，……は，その効力を有しない」と定めていることは，重要な点です。これは，明治憲法でみられた「マイナス・イメージの法律の留保」を否認するばかりでなく，憲法にもとづいて国を治める「立憲主義」を指し示しています。

でも，《憲法に反する法律，命令などは効力をもたない》と，誰かが判定できないかぎり，「最高法規」も絵に描いた餅になります。そうならないために81条は裁判所に「**司法審査権**」を与えました（皆さんが習ってきた用語でいえば，「違憲立法審査権」ですが，わたしはその言葉は正確ではないと思いますので，使いません。そのことは後の**第８章**で話します）。

さらに，うえの⑤は「平和主義」とこれまで一般的にいわれてきましたが，国の平和を守るための政策，すなわち，安全保障政策にもさまざまなやり方がありますので，簡単に「前文は平和主義を表している」と鵜呑みにしないほうがいいでしょう（「平和主義」という言い方は，さまざまな安全保障政策があることを覆い隠すように思われます）。

安全保障は，“主義”だけでは片づかない複雑な視点を必要とします。９条が武力の行使をどこまで否定しているか，という点をクリアしてはじめて，安全保障のあり方が判明するのです。この点を忘れて，「平和主義→９条→戦争の放棄」と連想しないようにしましょう。考える順序はその逆で，「９条の意味→安全保障のあり方→平和主義の意味」となるでしょう。前文の⑤の部分は「平和主義」というよりも，**国際協調に徹しながら国家の安全保障政策をとる**，というほどでしょう（この点については，**本章 *5***でふれます）。

以上，前文を手がかりにしながら，「日本国憲法の基本原則」を考えていきました。これをまとめてみましょう。

①　**代議制によって政治を行う。**

②　**自由という基本的人権を尊重する。**

③　**国民主権を宣言することによって天皇主権をやめ象徴天皇制にする。**

④　**憲法が最高法規であることを確認し，（そのために司法審査制をとり入れ），さらに「マイナス・イメージの法律の留保」を否定する。**

⑤　**国際協調に徹する安全保障政策をとる。**

日本国憲法における立憲主義

日本国憲法の前文から読みとれる原則は，うえの①〜⑤です。

次に，日本国憲法の本文へと目を転じていきましょう（１条から順に読んでいく必要は少しもありません）。

日本国憲法の基本原則を考えるにあたって参考となるのが，序章でふれた「立憲主義」の特徴です。日本国憲法も立憲主義の考え方に大きく影響されている，と予想して間違いないでしょう。

まず，立憲主義にとって権力分立が不可欠です（⇒**序章**）。立法権，行政権，司法権は，誰がどのように行使するとされているか，関連条文を本文のなかで探してみましょう。

立法権は国会にあるとする41条，行政権は内閣にあるとする65条，司法権は裁判所にあるとする76条が，それぞれの関係条文ですね。これらの権力分立に関する条文は，うえの①～⑤の原則に加えて，さらに――

⑥　**権力分立制度を採用する**

となるでしょう。

日本国憲法における権力分立は，第８章の「地方自治」（92～95条）において，中央政府と地方政府との分立にまで拡張されています。

次に，立憲主義の常道，人権保障について日本国憲法は，第３章「国民の権利及び義務」において相当詳細な保障規定をもっています（⇒**第３章**。ただし，日本国憲法の人権保障には立憲主義にとってなじみの薄い規定があります。この点については，すぐ次でふれます）。

以上，本章は，日本国憲法の原則を立憲主義という観点と関連づけてとらえてきました。よくいわれてきた「３大原則」と比べて，どちらが説得的でしょうか？

5　日本国憲法の特異な部分

武力の放棄

ドイツ，フランス，アメリカ合衆国も，日本も立憲主義の国です。そのなかで日本国憲法は，世界的にみれば珍しい条文をもっています。

その第一は，９条にみられる日本の安全保障体制の規定です。

９条を語る際に注意しなければならない点は，今日の国際法は「自衛戦争／侵略戦争」という用語や考え方を使わない，ということです。今でも，“９条は侵略戦争を禁止していることは疑問の余地はないが，自衛戦争であればどうか”という問いかけをみることがありますが，「自衛戦争／侵略戦争」という区別は国際法上消えています。それればかりか，現在の国際法上の原則は，「戦争／武力の行使」の別も消し去り，**《すべての武力行使，さらには，武力による威嚇までも，原則として禁止する》**となっています。この例外が，「自衛権行使のための武力の行使」です（自衛戦争ではありません。念のため）。

９条は，１項において「戦争を含めた武力の行使または武力による威嚇」を「国際紛争を解決する手段としては」永久に放棄する，と定めています。「国際紛争を解決する手段としては」という条件は，国際条約や外国の憲法にもみられるもので，“正当な武力行使まで禁止されるわけではない”という意味をもっています。国際連合憲章においても，自衛のための武力行使は正当なり，と扱われています。ということは，９条１項は《自衛のための武力行使と，その行使のための武力の保持は，国際法の原則どおり，禁止してはいない》と解することもできます（学説のなかには，１項の「誠実に平和を希求」することと，前文にいう「政府の行為によつて再び戦争の惨禍が起こることのないやうにすること」の決意を重視して，１項だけで武力を全面的に放棄している，と主張するものもあります）。

９条２項に目を移すと「陸海空軍その他の戦力はこれを保持しない」こと，「国の交戦権」を認めないことまで明言しています。陸海空軍の不保持というフレーズについては，“軍隊は持たないが，自衛のための実力部隊までは放棄していない”と解することもできます。というのも，国際法の原則は，主権国家であれば自衛権をもっており，それを行使でき，行使するための実力組織を保持できる，としてきているからです。わが国の歴代内閣も，わが国が自衛権をもっており，自衛のための要最小限度の実力組織を保持することは違憲ではない，との立場にでてきています。最高裁判所も，アメリカ合衆国軍隊を駐留させていることが９条に違反しているのではないかが問われた砂川事件において，「わが国が主権国として持つ固有の自衛権は何ら否定されたものではなく，わが憲法の平和主義は決して無防備，無抵抗を定めたものではない」との判断を示しています（昭和34年）。

それでも，９条２項には「国の交戦権は，これを認めない」と明言していますから，“たとえわが国が自衛のための実力組織を持っていても，これを行使できない”ということにならないのだろうか，と疑問が出てきます。この見解は，交戦権とは武力を行使する権利だ，と理解していますが，学説の多くは，「交戦権」とは，敵船を止めて調べてみる，とか，強制的に港へ曳航する，といった権限をいう，と解しています。

個別的自衛権

自衛権とは，他国からの急迫で違法な武力行使に対して，自国の実力組織（世界標準の言い方からすれば「軍隊」，わが国の場合には「陸海空軍その他の戦力は保持しない」関係上，「自衛隊」）による必要な範囲での措置をいいます。「必要な範囲」とは，他国からの攻撃の程度と均衡したやり方をいいます。この「自国の自衛のために武力に訴える国の権利」は，「個別的自衛権」と国際法上呼ばれます。

内閣の解釈は，主権国として日本国も自衛権をもっている以上，その行使を裏づける自衛のための必要最小限度の実力を保持することは９条に違反しない，と解しています。この９条解釈のもとで，わが国は，専守防衛を安全保障の基本方針として，実力組織としての自衛隊を保持し，その整備をすすめてきています。

集団的自衛権

国際法においては，すべての主権国は，この個別的自衛権のほかに，「集団的自衛権」をもっている，と考えられています（国際連合憲章51条がこのことを明文で確認しています）。「集団的自衛権」とは，自国と密接な国が武力攻撃されたさいに，自国が攻撃されていなくとも実力をもって阻止する権利をいいます。

わが国も，集団的自衛権をもっていることを前提に，アメリカ合衆国と日米安全保障条約を結んで，上にふれた米軍の駐留を認めてきました。このやり方は，「わが国は集団的自衛権をもってはいるが，行使できない」との解釈のもとで選択されたものでした。というのも，これまで内閣は，わが国の自衛隊を「専守防衛」のための組織だと位置づけてきましたので，集団的自衛権を行使するのは合衆国であってわが国ではなく，わが国のできることはせいぜい後方支援だ，と説明してきました。自衛隊による集団的自衛権の行使は９条の認める自衛の措置の範囲外だ，というのがその理由でした。

平成26（2014）年，安倍内閣は，集団的自衛権権に関する従来の解釈を変更し，一定の要件（条件）のもとで，これを行使できる（行使することも９条違反ではない）という解釈を示しました。この９条解釈のもとで，平成27年に，いわゆる「安全保障関連法制」（国際平和支援法，重要影響事態法，武力攻撃・存立危機事態法等の制定，自衛隊法等の改正）が整備されました。

集団的自衛権が行使できる要件は，次の３点です。

①密接な関係のある他国への武力攻撃が発生し，わが国の国民の生命・自由，幸福追求の権利が根底から覆される「明白な危険」があること，

②国民を守るために他に適当な手段がないこと，

③必要最小限の実力の行使にとどまること。

上の要件は，個別的自衛権の枠内で処理できる範囲のようにも思われますし，集団的自衛権の行使を実際に限定づけるほどの明確さを持っているか，疑問とならざるをえません。これまで９条が「平和を維持してきた要（かなめ）だ」と考えてきた人びとにとっては，こうした疑問よりも，わが国の防衛の基本政策が専守防衛から大きく変更されたことに異論があるようです。

社会権保障規定

日本国憲法の第二の特異さは，第３章「国民の権利及び義務」での25条から28条まで（見方によっては24条から），いわゆる社会権（生存権的基本権）保障規定をもっている点です。この種の規定は，ドイツ，フランス，アメリカの憲法にはみられません（もっとも，それぞれの国は，憲法のある条文を根拠にして，社会権的な権利を引き出しているようですが）。

社会権の保障は，自由権の場合とは対照的です。自由権が「国家からの自由」を保障しようとしているのに対して，社会権は「国家による自由」を保障している，と説明されることもあります。が，本書の筆者は，「国家による自由」という言葉遣いを好んでいません。社会権保障は，自由の保障ではなく，平等の保障，なかでも，結果の平等を実現しようとするものだ，と筆者はみています（⇒**第４章第１幕**）。

象徴天皇制

日本国憲法の第三の特異さは，１条の定める象徴天皇制です。

国際的にみれば，「尊厳／権力」という対抗軸のもとで，君主は尊厳の部分であり，議会が権力の部分だ，といわれた例はこれまでもありました。

ところが，象徴には明確な対抗軸がありません。あるとすれば，「選挙によって選ばれる代表／選挙によらざる代表」という対抗軸でしょう。このなかで，天皇は後者であり，なかでも，万世一系の血筋によって日本国と日本国民統合を代表する存在だ，ということでしょうか？　ところが，万世一系の血筋という理由は，神権主義的だった明治憲法では通用しても，日本国憲法においては通用しません。

１条にいう象徴天皇制とは，明治憲法では天皇は統治権の総攬者だったが，日本国憲法での天皇は統治権から完全に離れている（**もはや主権者ではない**），という点を強調する趣旨なのでしょう。この趣旨を確認するかのように，４条には「天皇は，……国政に関する権能を有しない」との定めがみられます。

１条の存在理由が《天皇はもやは主権者ではない》ということをはっきりとさせたいことにあるとすれば，《天皇は君主ではない》と結論することに疑問は出てきませんが，《それでも，天皇は元首だ》と理解することはできます。というのも，象徴も元首も，明確な意味をもっていないからです。曖昧な言葉からある結論を引き出すことにわたしたちは慎重であるほうがいいでしょう。

【まとめ】

・明治憲法は，議会の権限を強くしないことを既定路線としていた。
・明治憲法は，立憲主義を一部取り入れようとしたものの，国体の理論に押されて，西洋型の立憲君主制とは別の色合いとなっていた。
・が，明治憲法は，日本に「法律による行政の原則」をはじめて導入した点で，画期的だった。
・日本国憲法は，マッカーサーの指示した案に沿ったかたちで，しかも明治憲法改正という手順で成立したために，その誕生の怪しさを問う声は今でも消えていない。
・日本国憲法の基本原則は，「国民主権・平和主義・基本的人権の尊重」といった簡単なものではなく，立憲主義の流れを反映して，「代議制・権力分立・国民主権・憲法の最高法規」などの組み合わせとなっている。
・日本国憲法には，諸外国の立憲主義憲法にはみられない，特異な条文が組み込まれている。その例が，９条，25〜28条，１条である。

【参考資料・文献】　鈴木昭典『日本国憲法を生んだ密室の九日間』（創元社，1995年）は，日本国憲法誕生の背景を興味深く描いています。また，ジェームス三木『憲法はまだか』（角川文庫，2007年）は，憲法誕生秘話を描く長編小説です。初宿正典ほか『目で見る憲法〔第４版〕』（有斐閣，2011年）は，多彩な図表や貴重な写真を駆使した，ヴィジュアルな憲法入門書です。

憲法学者ではない人物によって書かれた，櫻井よしこ『憲法とはなにか』（小学館，2000年）は，賛否両論があるにせよ，憲法についての固定観念を払うには役立ちます。

第3章

人権の基礎，範囲と制約

1 人権の底流

自由とはなにか

ここまでで，憲法は，人類が勝ち取った自由を人権として保障している，ということを学びました。ここでは，人権の底流にある自由について簡単な検討をしてみましょう。

“自由じゃないなぁ”と思った経験が，読者の皆さんにもきっとあるのではないでしょうか。これまでの人生を思い返してみてください。嗚呼，なんて不自由なのでしょう！

ところで，その不自由さは，憲法の想定している自由または政治学でいう“リベラリズム”の問題なのでしょうか？　考えてみましょう。

英語の文法をならったときに，次のフレーズに共感したことはないでしょうか。

If I were a bird, I would fly to you. （もしわたしが鳥だったら，あなたのところへ飛んでいくのに〔でも，鳥じゃないから行かれない〕）

きっとロミオとジュリエットも，これと同じ思いで，“自由じゃないなぁ”とつぶやいたのではないかと想像します。

たしかに，鳥のように飛べないことは，われわれ人間にとっては不自由なことです。だけれども，飛ぶ能力がないことは自由の問題なのでしょうか？　飛ぶ能力がないからといって，自由の侵害だと考えるのは，少し変ですね。

《自由（不自由）かどうかは，**与えられた能力を自分の意思に従って駆使すること**》と関係していると思います。そう考えると，《能力の欠如》は自由の問題ではないといえそうです。

では，自分の意思に従って，自分の能力を駆使できないとはどういう状態だと思いますか？　それはたとえば，“リードにつながれた飼い犬”のような状態です。つまり《強制されている状態》といえるでしょう。

強制されているときは，自由が侵害されている状態です。したがって，“**自由とは強制のないこと**”だとシンプルに考えてみましょう。

強制とはなにか

なるほど，自由は強制のないことをいうのだね。……と考えたとしても，今度は“強制ってなんなの？”という新しい疑問が出てきます。たとえば次のような人は，強制されているのでしょうか？

“本当は仕事なんかしないで，好きなことをして暮らしていきたい。けれども生きていくためには働かなければならない。安月給だけれども，我慢せざるをえない”

どうでしょうか？　これは強制されている，すなわち自由の侵害だといえるでしょうか？　この状況に対して，“社会が悪い”とか“世間に負けた”ということもできますが，しかし置かれた状況のなかで，自分の意思で能力を駆使できているともいえます。究極的には仕事を辞めるという決断もできるわけですから，能力を駆使できない強制状態とは言いきれないように思います（この点で，職業が世襲制だった近代以前と異なります）。

つまり，《ある状況において採用できる手段が少ないからといって，自由が侵害されたわけではない》といえそうです。

憲法が問題にする強制とは，たとえていえば，次のような状況でしょう。銃口を向けられて，動くな！　と命令される。

このような**物理的暴力の行使あるいはその脅迫**は，強制の典型例でしょう。その状況では，人は自分の意思では行動できず，他人のための手段とされてしまっています。このような強制があったときに，“自由が侵害されている”と考えるのが適切でしょう。

自分の身体は誰のもの？

この自由の捉え方の根底には，自分の身体は自分のものだという直観があると思います。これを**自己所有権**といいます。たとえば奴隷制を考えてみましょう。これは，暴力的強制によって，人を他者の命令に服従させる制度です。奴隷は，労働の成果を主人にささげるように強制されます。このような奴隷制は，自分の身体は自分のものだという自己所有権を否定するものであり，自由の侵害だと考えられます。

このような強制されない権利のことを，憲法学は**自由権**と呼んでいます。自由権は，侵害行為をやめるよう請求する権利といえます。

現在，奴隷制のようなあからさまな自由侵害的な仕組みが，公然と認められていることはないようです。ですが，次のような主張はどうでしょうか？

“さまざまな理由で，人間らしい生活とはいえない貧しい生活をしている人がいます。そのような人々は，国家に対して最低限度の生活を保障するように請求できる。”

この主張を実現した仕組みは一般的に生活保護と呼ばれています。皆さんは，この種の生活保護は自由を保障するものであって，侵害するものではない，と考えますか？　次の分析をどう評価しますか？

《国家が生活保護のために金銭を支払うといっても，その財源は税金ではないか。たとえば所得税は，たくさん稼いだ人の財産を取り上げたものにほかならない。その人の所得は，たくさんの時間や労力を払った成果であり，“自分のもの

だ”といいたいところ，所得税の支払いを拒絶すると制裁を受けるので，支払わないわけにはいかない。国家に対する生活保護費の要求は，国家が制裁の威嚇によって徴収した税金に対する分配の要求にほかならない。すなわち，生活保護の制度は，ある人の時間や労力を他者のためにささげさせる仕組みであって，これは現代版の奴隷制ではないか。》

奴隷制が自己所有権を侵害すると考えるのなら，「現代版の奴隷制」も自己所有権を侵害するものとして賛成できないことになりそうです。

ここでは現代版の奴隷制ではないかとあえて疑問視してみましたが，国家に対して最低限度の生活を保障するよう請求する権利は，生存権と呼ばれる立派な人権だと考えられています。生存権のような，国家に対して積極的な作為を請求する権利は**社会権**と呼ばれています。

しかし上の疑問に多少なりとも理があるとすれば，社会権が“自由を促進する”とか，“自由と矛盾しない”とみることはできません。《**自由権と社会権は鋭く対立する**》ものである，という認識が必要です。

人間の尊厳

ここまで自由を自己所有権と関係づけながらみてきました。この見地からは，なぜ人は人権をもつのだろうという問に対しては，“自己所有権があるからだ”と答えることになります。これに対して，憲法上の自由や人権は，自己所有権ではなく，**人間らしさを維持するうえで必要な利益**を保障しているのだ，と説く立場があって，実はこちらがリベラリズムの一般的理解なのです。

ここにいう人間らしさとは，いったいなんなのでしょう？　通常，**人間の尊厳**とか個人の尊厳などと説明されています。そこにはドイツ的でカント的な哲学の臭いがただよっています。ここでその一端を眺めてみましょう。

カントは，人間はみな尊敬に値する存在だといいます。なぜなら，人間は理性的で自律的存在だからです。理性と自律という人類共通の能力に対する尊敬こそが人間の尊厳なのです。

ここにいう自律とはなんでしょうか？　たとえば，晩ご飯に何を食べようかなと自分で考えて決めているとき，自律的に行動しているといえるでしょうか？　カントは，おなかがすいた，なにか食べたい，そんな欲求を満たすための決定を自律だとは考えません。それは欲望を充足させるだけであり，自由な行動ではないからです。

では次はどうでしょうか？　一流企業に入社するために，遊ぶのを我慢して日夜勉強に励む。これは自律的行動でしょうか？　カントならこれも自律的ではないというでしょう。なぜなら，勉強するという目的は，一流企業に入社するという目的のための手段となっているからです。自律的行動であるためには，その行動自体を究極の目的としていなくてはならないと，カントは考えます。

次の場合はどうでしょうか？　試験でカンニングをしてしまったＡは，良心の呵責に耐えられず，正直にも不正を告白した。この場合，不正を告白するという行為は，楽になりたいという欲望を満たす動機からおこなわれています。このような動機に発する行為は，道徳的な価値のある自律的行為とは考えません。正しいことを正しいという理由のみでおこなうときに，価値ある行為となるとカントは考えているようです。

また，カントのいう理性とは，自律的で道徳的に価値のある行為をしたといえるような正しい目的，無条件に正しいこと，追求するべき目的を定める力をいいます。

このような理性と自律の能力をもっている人間は尊敬に値する，というのがカントのいう人間の尊厳だと要約できるでしょう。

個人の尊重

カントの哲学は，人の特有な能力である「人間の尊厳」を人権の基礎だ，と捉えているわけですが，どうにも説教くさい気がします。“欲望のために行為することは真の自由ではないのですよ”，

“道徳的に価値のあることをしなさいよ”，といわれているようです。人間の尊厳に依拠する人権論は，権利や自由を保障するといいながら，その実は，“その保障に値する人間になりなさい”，と義務を説いているようです。

たしかに理性的に行為する人は尊敬に値するでしょうが，ありのままのわたしたちは，そのような理想的な行為をするわけではありません。そんなわたしたちにも自由や人権が保障されるように，憲法上の自由や人権も，もっと**ありのままの個人**に寄り添いながら，その保障の根拠を検討するべきではないでしょうか。自己所有権にもとづく人権の根拠づけは，そんな試みのひとつです。

たしかに，歴史を見れば，君主制のもとにあった臣民が自由を獲得するにあたっては諸個人の共通性（人間の尊厳）が梃子の役割をはたしてきました。しかし，人々がすでに自由を獲得した現代においては，人の共通性ではなく，むしろ個別性を重視するべきではないでしょうか。十人十色の諸個人が，自分の満足のいく行為をすること，言い換えれば，各人の望みを各人が最大化できるとする哲学が，憲法上の自由や人権の基礎となるべきではないでしょうか。憲法13条にいう**個人の尊重**の保障は，人の個別性を重視していることの表れのようです。

現実の個人は，道徳的でもなければ合理的でもありません。現実の個人は，限られた知識と運をいかしながら，自分の目的を最大限達成しようとするものです。各自のもっている知識や望みは他者がうかがい知ることは困難なので，国家の任務は，各人の目的達成計画が矛盾なく遂行できるよう調整することにあると考えるべきでしょう。憲法の役割は，個人の幸福追求について，国家の口出しを抑制することにあると考えられます。

2　人権保障の範囲

誰が人権をもっているのか

自由の基礎をどう捉えるか，憲法上の人権の論拠をどう理解するか，これらの違いはあるものの，ひとたび憲法上の人権だと考えられた利益の保障がどの範囲の人まで及ぶのかは，また別に考えなくてはなりません。一口に人といっても多様です。生まれながらの人（自然人），人の集まりである団体，天皇という職にある人や日本国籍をもっていない人（外国人）等々たくさん考えることができます。以下では，それらについて，簡単に考察してみましょう。

天皇

天皇という仕事をしている人には，わたしたちのような一般の人と同じように，日本国憲法上の人権が保障されるのでしょうか。大きくふたつのアプローチが考えられます。

ひとつは，近代立憲主義を採用しているわが国の憲法は，天皇という特殊な地位を，憲法上の例外としておいている，という考え方です。この考えだと，天皇も人である以上，人権保障が及ぶが，仕事の特殊性から，例外的に人権が制約されることもある，と考えることになりそうです。

もうひとつは，日本国憲法の天皇制は前近代的な身分制を下敷きとしていて，その上に人権保障がドーナツ状に乗っかっているという見方です。日本国憲法のドーナツの穴からは下地であるところの前近代的な身分制がみえます。その見えている部分に天皇の地位があるというわけです。こう考えれば，天皇は近代的な人権の上に乗っかっていないことになるので，基本的には人権の保障が及ばない，というわけです。

女帝を認めない皇室典範が平等原則違反か否か，皇室行事に政教分離が当てはまるか，考えてみてください。

子　ども

子どもも人間ですから，生まれたときから当然に人権をもっています。ですが，大人には許されないような制限が，子どもには許されています。なぜでしょうか。

ひとつの解答は，子どもは大人と比べて，心身が未発達だから，というものです。子どもの人格は，まだ固まっていない紙粘土のようなものだと思ってください。そんな子どもが堕落した生活をおくったり，性的なシーンや残虐なシーンによる強い刺激を受けたりしたらどうなるでしょう。柔らかい紙粘土のような人格は，グニャグニャに歪んでしまうでしょう。そして紙粘土はやがて固まるのと同様に，人格も歪んだ形のまま固まってしまいます。すると，歪んだ人格をもった大人ができあがります。しかも固まった紙粘土の形を変えるのは困難なように，できあがった人格を矯正するのも困難なのです。

こう考えると，子どもの人権は大人と同じようには認められない，という主張にはそれなりの理由はあるようです。

とはいえ，子どもの判断が未熟だというなら，適切な判断ができるように教えてあげるのが先だと思います。未熟さを理由に子どもの人権を制約できるとするのは行きすぎでしょう。子どもの成長に最大の関心をもっているのは親や家族です。ですから，子どもの権利を制限するかどうかを考えるのは，親や家族が最初であるべきです。親や家族の目が行き届かないときに，補充的に国家による制限が許されると考えた方が良いように思います。

外　国　人

日本国籍をもっていない外国人にも人権が保障されるのでしょうか？　日本国憲法３章は「国民の権利および義務」となっています。文字通りに読めば，国民の人権だけが保障されているともいえそうです。

けれども，外国人も人間ですから，人であれば誰でも保障される権利（人の権利）であれば，外国人にも保障されるべきです。逆に，国民という資格があってはじめてもてる権利（市民の権利）は，外国人には当然には認められないでしょう。

このように，権利の性質に応じて考える立場は「**権利性質説**」と呼ばれます。この説は，日本に滞在していたアメリカ人が日米安全保障条約反対のデモに参加したこと等を理由に在留資格なし，とされた**マクリーン事件**最高裁判決（最高裁昭和53年10月４日大法廷判決）も採用しました。

権利の性質からして外国人に保障されるか論争となるのが，選挙権です。

選挙権は国民主権と結びついています。国民主権とは，日本国の最終的な政治的決定は，日本国民が行うべきだ，という考え方です。このことは，憲法15条で公務員を選ぶ権利は「国民固有の権利」とされているところに反映されています。

このことから，外国人に**国政選挙**の選挙権を法律で付与することは憲法違反になるかもしれません。

では**地方選挙**なら国の政治とは違うから，法律で外国人に選挙権を付与してもよい，あるいは付与するべきだ，となるのでしょうか？　地方選挙に参加する人のことを憲法は「**住民**」と定めています（93条２項）から，外国人も「住民」だといえるかもしれません。

この点について，最高裁平成７年２月28日第３小法廷判決が注目されます。最高裁は《地方自治の仕組みは，地域の生活に密接に関わる行政を，その地域に実際に住んでいる住民で決めるためのものだから，**地域と特別に密接に関わるようになった外国人に選挙権を与える法律を作ったとしても，憲法に違反するとはいえない**》と述べました（この部分は結論とは直接関係のない傍論だといわれていますが，事実上大きな影響力をもっています）。

この判決には賛否両論があります。皆さんはどう思いますか。

外国人は公務員になれるか，という問題もあります。公務員となる門戸は，今日では外国人にも開かれてきていますが，課長や部長といった管理職に就く機会まで保障されてはいないようです（最高裁平成17年１月26日大法廷判決）。

団　　　　　体

私たちのまわりの生活をみてみますと，宗教団体は信教の自由を，マスメディアは表現の自由を，大学は学問の自由を，株式会社は営業の自由を享受しています。なぜ団体にもこうした人権が保障されるのでしょうか。

団体に人権を保障すると，そのメンバーである個人の役に立つから，という解答があります。

別の解答は，三人よれば文殊の知恵ではないけれど，人が集まると，一人ひとりではなしえないような力を発揮できるように，個人には還元できない団体独自の何かがあるから，というものです。

また別の解答は，団体に人権を保障すると社会全体の役に立つから，というものです。

団体が人権をもちうるとしても，どんな人権がどのくらい保障されるのかが問題です。この点について判例や学説は，権利性質説にたっています。

権利の性質上，団体への保障が疑問視される権利は，企業による政治活動，とりわけ企業献金の自由です。代表取締役がした会社名での特定政党への寄付は会社の利益を損ねたとして，株主が取締役を訴えた**八幡製鉄政治献金事件**（最高裁昭和45年６月24日大法廷判決）では，企業にも政治活動の自由が保障されているかどうか問われました。最高裁はこれを肯定したうえで，企業による政治資金の寄付もその一環であって，個人の場合と別異に取り扱う憲法上の要請はないとしました。

資金力その他の影響力は，個人と企業では雲泥の差があるので，個人と同じように企業にも政治献金の自由が保障されるとする判例の結論には，少し不安なところもあります。皆さんはどう思いますか。

株式会社と株主とがそれぞれ違う政党を支持しているときのように，団体自身の人権は，団体内部の構成員の人権とぶつかることがあります。団体の設立目的や活動の性質，メンバーに脱退の自由があるか，といった視点から考察することが大事です。

国家と個人の特別な関係

近代立憲主義は，“国家＝個人の自由を奪う敵”という前提で，国家の権力が濫用されないような工夫を考えてきたのでした。

ところで，“国家というものは存在しません”というとみなさんは驚くかもしれませんが，実際に握手をできるような実在ではないということです。国家というのはわたしたちの頭のなかに，観念として存在しているだけです。

そうすると，国家が権力を使うためには，実存している何者かが必要です。その役割を担っている人々のことを，一般には権力担当者＝**公務員**と呼んでいます。

公務員が国家という仕組みを使って実際に権力を担当しているわけですから，国家権力の濫用を抑止するということは，言い直すと，公務員を憲法によって縛る，ということになります。そんな公務員も，公務員である前に人なのだから，人権が保障されるはずだ！　といえるの⁉　という疑問がわいてきます。

明治憲法の時代には，公務員には人権が保障されないと考えられました（**古典的特別権力関係理論**）。しかし公務員だからという理由で，人権保障が一切及ばないという考え方は現行憲法のもとでは妥当ではないように思います。

人権の保障は，市民社会における個人と国家の権力関係を念頭において考えられてきました。個人（市民社会）対国家の対立軸で発展してきた法理論を，国家の組織内部にいる公務員と国家との関係に，そのまま当てはめることはできません。その意味では，公務員の人権は，市民社会におけるのと同様に保障されるとはいえません。公務員の人権は，公務員が所属する組織目的を達成するために，必要で合理的な制約を受けることになります。どの程度の制限が必要で合理的かについては，公務員を雇用しているそれぞれの組織にある程度の判断の幅が認められるでしょう。

政治活動の自由やストライキの権利を制限されている警察官や消防士を例に考えてみましょう。ストライキ中に事件や火事が発生して，この公務員が働かないことがあると困ります。あるいはストライキをしているのが公立学校の先生だとどうでしょうか。学校の先生は子どもたちに強い影響力をもつので，特に政治的な中立性が必要だといえるかもしれません。他の公務員であればどうでしょうか。職務の性質に照らし合わせながら必要で合理的な制限か否かを考えてみてください。

刑事施設に収容されている人たちも，国家と特別の関係にあります。未決勾留者や受刑者等，被収容者にも様々なタイプがあります。公務員の人権制限と同様に，収容目的に応じた必要かつ合理的な人権制限が許されると考えるべきでしょう。

私人間での人権の効力

憲法上の人権は国を治める人たち――これを今後，「国家権力」と呼ぶことにしましょう――に対して主張するもの，というのが大原則でした（⇒**序章 *2***）。けれども，憲法の条文をよく読んでみると，国家権力だけでなく一般人（私人）に対しても主張できる権利があることに気づきます。たとえば，選挙での投票について公的にも私的にも責任を問われないこと（15条４項）や，労働基本権（28条）などは，私人に対して主張できる憲法上の権利です。これは憲法自身による大原則の修正です。

では，その他の人権規定は私人と私人の間では，どんな意味をもっているのでしょうか（この疑問点は「私人間効力論」とよばれることがあります）。

たとえば，皆さんが一般企業に就職するとき，どんな宗教を信じているかとか，どんな政党を支持しているかとか，およそ職業的な能力とは無関係なことを根ほり葉ほり聞かれたあげく，採用を拒否されたとしましょう。皆さんには信教の自由（20条）や表現の自由（21条）が憲法上保障されているのに，その自由を使ったがために，企業から不利益を受けることになったわけです。この場合，皆さんはその企業に対して“人権を尊重しろ”と主張したくなりませんか。

この主張が認められるか，人権保障の趣旨にさかのぼって考えてみましょう。人々のもっている知識や能力は多様であり，その能力を活かして実現しようとする望みも多様です。だからこそ，国家から強制されるのではなく，自ら目的を設定して，自ら手段を選択して，幸福を自分でつかむ自由が保障されなければならなかったのです（⇒**本章 *1***）。

個人の力では太刀打ちできない強大な力をもっている巨大企業が，弱い立場の個人を手段として扱うことを許せば，この人権保障の趣旨は損なわれてしまいます。個人からみると，その力の巨大さは国家権力と同等とも思えるほどです。これは国家権力そのものではないけれども，それに匹敵するような**社会的権力**といえます。そのような社会的権力には，憲法を守るべき義務がある，人権保障の効力が及ぶのだ，と考えるべきかもしれません。

これに関して，入社試験のさいに学生運動等について虚偽の申告をしたことを理由に，本採用を拒否された**三菱樹脂事件**（最高裁昭和48年12月12日大法廷判決）で最高裁は，およそ次のように述べています。《憲法が私人間に直接適用されることはありません。権力の法的独占に基づく支配と社会的事実としての力の優劣に基づく支配は違います。私人間の関係で基本的自由が侵害されたときは，立法措置や私的な関係に対する一般的制限規定を通じて，調整を図る道があります》。

社会的権力がいくら大きくても，国家権力とは根本的に違うことはその通りでしょう。憲法で守られている価値は，私法上の一般的規定に活かす調整法もある，と判例はいいたいのでしょう。

別の考え方もあります。大事な価値Ａが国家との関係では憲法上の人権ａとしてあらわれ，私人相互間では価値αとしてあらわれる。私人間では価値Ａが私法を通じてαとして顔をのぞかせているだけだから，憲法上の人権ａが適用されるとか，人権ａの効力が及んでいるとか考える必要はない，というわけです。

3　人権の限界

自 由 の 限 界

自由はどこで終わるのでしょうか？　成人の間で臓器売買することに合意した，という例を考えてみましょう。この取引は自由の限界を超えており禁止できる，といえるでしょうか？

信心深い人であれば，人の生命や身体は神から授かったものだから，個人が自由に処分してはいけない，というかもしれません。しかし，自分の身体は自分のものである（自己所有権）というのが直観だという人や，神を信じていない人には上の考え方はまったく説得力がありません。

臓器売買には，様々なトラブルが予想されるからやめた方がいい，とも考えられます。しかし事後にトラブルが発生することは，契約時点での成人間の合意の効力を否定する根拠にはならないように思いますし，事後的なトラブルが予想される取引は他にもたくさんありますが，その取引そのものは禁止されていないようです。

臓器売買を認めると，貧しい人々の身体の自由が危険にさらされてしまうという人もいます。しかし，“貧しい人々”という観念と，実際に契約をしている個人とは区別して考えなければならないでしょう。権利・自由をもつ当事者が，権利侵害はないと考えているからこそ，合意に至っているのだと思います。

臓器の摘出手術の環境が悪いので禁止するべきだ，というのはどうでしょうか。けれどもよく考えてみれば，禁止するから取引が闇に隠れざるをえず，結果として手術環境が悪化しているともいえます。取引の禁止ではなく衛生面の規制で足りる，ともいえそうです。

ここまで臓器の売買の例を考えてきました。成人間の売春の自由（禁止）について，上と同じような議論をすることができます。考えてみてください。

人権制約の理由

臓器を金銭で売買することは，とてもグロテスクで反道徳的だ，と考える人がいます。法は一定の道徳的価値を維持することを，ひとつの目的としているのだと考える立場を**リーガル・モラリズム**といいます。この立場からは，道徳が自由の限界を画することになるでしょう。

合意をしている当事者は道徳に反しているとは感じていないからこそ，合意をしているわけですが，しかしそのような取引が当事者以外の第三者（あるいは社会・共同体）にとって反道徳的だと映るがゆえに禁止される行為となるわけです。

これに対しては，道徳は個人の選択の問題であり，国家が一定の道徳を強制すること自体が自由の侵害である，という反論もあります。たしかに，リーガル・モラリズムは自由の限界としては力不足の感じがします。

臓器売買をしてしまうと，あとで後悔しても取り返すことができません。その決断によって，当事者である本人自身の利益が損なわれるかもしれません。だからこそ，そのような取引を認めるべきではない，と考えることもできます。これは本人の利益のために，本人の自由を制限する**パターナリズム**という考え方です。

もっとも，何が本人にとっての最善の利益なのかは，誰にも分からないし，結果として誤った判断だったと後悔したとしても，誤りから学ぶことも自由保障の意義だといえるのではないでしょうか。パターナリズムも，自由の限界を画するツールとしては，威力が弱いように思えます。

先にみたように，自由とは強制のないことだ，と考えたとしましょう（⇒**本章*1***）。自由を保障するということは，他者から強制されないよう誰もが国によって保護されることを意味します。言い換えれば，“もしあなたが他人の自由を侵害するとき，国はあなたの自由を否定する”ということです（**他者加害原理**）。ということは，“わたしの自由はあなたの自由の手前で終わる”“わたしの自由はあなたの自由によって限界づけられる”ということになりそうですね。

権力制約原理としての公共の福祉

日本国憲法には，12条，13条，22条１項，29条２項に「公共の福祉」という文言があります。たとえば13条は次のように規定しています。「……国民の権利については，公共の福祉に反しない限り，立法その他の国政の上で最大の尊重を必要とする」。

そもそも憲法は何を縛るために存在しているのかということを思い出すと，それは国家権力だったわけです。そうすると，憲法の構造としては，「公共の福祉」も**国家権力を縛る歯止め**として機能すると予測できます。

この予測のもとに13条を読むと，次のようにいえそうです。“国は，国民の権利を最大に尊重しなければならず，めったやたらに制限してはいけません。国の行為が公共の福祉にかなっているときのみ，国民の権利制限が許されます”。要するに，自由を制限する国家権力を制限するために，公共の福祉なる文言が条文に組み込まれている，ということです。

では国家権力の行使を正当化する「公共の福祉」とは何なのでしょう？　公共という言葉は多義的ですが，そのひとつに“誰にとっても”という意味があります。次に福祉というと，社会福祉などを連想してしまいますが，福祉の英語はwelfareで，これを訳せば“厚生”とか“利益”とかとなります。両者をつなぎ合わせると，“誰にとっても利益になること”，となります。もちろん，日本に住む１億の人々のそれぞれにとって何が利益になるかを，国家が完全に把握することなどできません。だからこそ，各自が自分にとって利益になると思う行動を自由にとらせることが，全員の利益を増進させることになるのです。

こう考えれば，公共の福祉とは，誰もが各自の利益を追求できること，といったほどの意味となり，この公共の福祉に従って国会は立法をしなさいよ，と13条は命じていると読めます。そうすると，法律によって特定の人々に障壁を設けたり，特定の人や団体を優遇したりすることは，公共の福祉に反するといえます。

これは法律の一般性・抽象性という特性と関連してきます。

人権制約原理としての公共の福祉

ところが，「公共の福祉」は人権に論理必然的に伴う限界のことだと説く人がいて，実はそちらを支持する人が多数なのです。この考え方に立てば，公共の福祉は国家権力ではなく，わたしたちを拘束する原理＝**人権制約原理**だといわれます。

「公共の福祉」はすべての人権に内在する制約であり，その意味は，“ある人の人権と，別の人の人権とがぶつかり合っているときには，どちらの人権も調整されざるをえず，ある程度の不利益を我慢しなければいけないこともある”というものです。簡潔にいえば，公共の福祉とは，**人権相互の矛盾・衝突を調整するための公平の原理**である，と表現できます。

もっとも，最近では，公共の福祉を人権相互の矛盾・衝突の場面に限定しない解釈も有力になってきています。たとえば，多数の人びとが恩恵を受ける空港整備のために，ある人の土地所有権が制限されるとき，その人権制限は，人権相互の矛盾衝突の調整だとはいいがたく，社会全体の利益を実現するためだ，この利益も「公共の福祉」だ，というわけです。

公共の福祉とは何かについての論争は，まだまだ続きそうです。

公共の福祉と法律の違憲審査

人権を制限するためには法律の根拠がなければなりません（⇒**第1章*3***）。そして法律による制限は，公共の福祉を実現する正当な論拠がなければなりません。

法律による人権制限が公共の福祉を実現するものかどうかを最終的に判断するのは，裁判所の仕事です。この仕事を違憲審査といいます（⇒**第8章*4***）。

では，裁判所はどのようにして，法律を違憲審査するのでしょうか。

まず，法律は，みんなに同じように適用されるものであること（一般性・抽象性），誰がみても何が禁止されているか読み取れること（予測可能性・明確性），といった形の上での条件を満たしていなければなりません。ある法律がこの条件を満たしているかどうか裁判所が問い直すことを「形式審査」と呼ぶことにしましょう。

次に，法律の中身が公共の福祉にかなっているか，Aという人権とBという人権が衝突しているとき，法律が，それをうまく調整できているかを裁判所は審査することがあります。これを「実質（実体）審査」——つまり中身・内容の審査のこと——ということにしましょう。

この実質（実体）審査においては，比較衡量という手法が役に立ちます。規制によって得られる利益と規制しないときに維持される利益を比べて，得られる利益が大きければ規制は許される，という考え方です。

しかし法律で達成しようとしている利益は過大に評価されがちで，個人の人権は過小に評価されがちです。比較の基準のない単純な衡量は，人権保障にとってやや危険な面をもっています。

この問題を克服しようと，**二重の基準**という考え方が主張されています。

二重の基準論とは次のような考え方です。《経済的自由が制限されても，民主政のプロセスで制限撤廃を求めて表現活動をすれば，自由を回復できるチャンスがあります。けれども，表現の自由が制限されると，民主政のプロセスで表現活動をすることができなくなるので，自由を回復するチャンスがありません。したがって，裁判所は，経済的自由が制限されているときは，民主政のプロセスに期待して緩やかに審査し，表現の自由が制限されているときは，裁判所自身が積極的に厳しく審査するのです。その意味で，表現の自由は経済的自由より優越的な地位にあります》。

二重の基準論は，アメリカの裁判所で主張され，日本の学説もおおむね賛成していますが，日本の裁判所がその考え方を採用しているとは言い切れない状況です。

【まとめ】

・自由は強制のないことだとシンプルに考えてみる。
・社会権は国家権力をつうじた強制の側面をもっており自由と必ずしも両立しない。
・人権保障の根源には人間の尊厳や個人の尊重という原理がある。
・人権の性質ごとに，享有主体や保障の程度が異なる。
・人権は私人間でも効力をもつ場合がある。
・リーガル・モラリズムやパターナリズムは，自由を制限する論拠としては弱い。
・他者加害原理は自由の限界を画する。
・公共の福祉は国家権力を制限する原理だという見方と，人権を制限する原理だという見方とがある。
・法律が公共の福祉に資しているかどうかを，裁判所が違憲審査する。
・違憲審査のときに有用な理論が，二重の基準論である。

【参考文献・資料】　人は自由な存在として生まれていると考えるからには，国家による制限は例外でなければなりません。制限が許されるとするならば，それなりの論拠がなければいけません。臓器売買の自由を制限するのに，それなりの論拠があるでしょうか。自殺をやめさせるのに，それなりの論拠があるでしょうか。わたしたちは，一度，自由というものを真剣に考えてみた方が良いと思います。そこで，森村進『自由はどこまで可能か』（講談社現代新書，2001年）をおすすめします。刺激的な例がふんだんに盛り込まれていて読みやすい本です。もっと突き抜けた考えに触れてみたい人は，マリー・ロスバード『自由の倫理学』（勁草書房，2003年）をおすすめします。人間の尊厳性や自律性に関心のある人はロナルド・ドゥウォーキン『権利論（増補版）』（木鐸社，2003年）を手に取ってみてください。

社会における人間行為を分析する学問は，法学以外に経済学があります。ウォルター・ブロック著『不道徳な経済学』（講談社＋α文庫，2011年）は，自由を最大限尊重する経済学者による現実社会への批判の書です。あっと驚く結論が用意されています。

自由の尊重も良いけれど，道徳や共同体の絆みたいなものも重要だと考えている人は，マイケル・サンデル『これからの「正義」の話をしよう』（ハヤカワ・ノンフィクション文庫，2011年）がおすすめです。

第4章

平等な社会に不可欠の人権

ある家のリビングルーム。高校生の姉と中学生の妹が，インターネットで見た動画について話している。そこに法科大学院生の兄も加わって……。

第 *1* 幕　法の下の平等

1　差別と平等

差別する人間

妹　：「～人は出ていけ」とか「～人はゴキブリ」とか，イヤ～な感じ！

兄　：ヘイトスピーチ（特定の人種・民族・宗教などの少数者への暴力や差別をあおったり，おとしめたりする表現）だね（⇒**第5章**第3節 ***2***）。人類は昔から平等を求めてきたけど，解決するどころか，むしろひどくなっているようにも見えるね。

姉　：私たちの世代でもクラス・カーストとかいじめとかあるし，人間って差別する動物なのかなって，絶望する気持ちになる時がある。奴隷制とか部落差別とか，今ではありえないと思うけど，もしその時代に生きていたら，私も絶対差別に加担しないっていう自信ない。

兄　：人間社会に差別がつきものだからこそ，どこの国の憲法でも平等を保障しているのかもしれないね。平等って誰も反対しない理念だけど，「差別反対」と言ってるだけじゃあなぁ。そもそも「差別」「平等」って何を意味するのか考えてみたいね。

「差別」って何？

姉　：平等って，当たり前のものだと思ってたけど，先生からこういう問題を出されて，わからなくなったんだよね。

「男女にかかわる次の例は憲法に違反する差別でしょうか？」

(1)　政治のことを判断するのは女性に向いていないから，選挙権を持つのは男性のみと法律で定める。

(2)　妻の浮気は犯罪とするが，夫の浮気はおとがめなしと法律で定める。

(3)　女性は家庭を守るべきだから，結婚・出産したら退職してもらうと法律で定める。

(4)　女性は一般に男性よりも身体が弱いから，深夜業を禁止すると法律で定める。

(5)　女性の出産の前後に一定期間の休暇を与えるよう使用者に法律で義務づける。

(6)　女性の国会議員が少なすぎるから，政党が一定の比率で女性候補者を出すよう法律で義務づける。

妹　：(5)(6)以外は差別だよ！　だいたいこんなの，女を平等な人間と見てないじゃん。

姉　：私も(1)(2)(3)は許せないよ。でも，(4)はどうなのかなあ。女性を守ってるような気もするし。6つとも男と女とで異なる扱いをしているのは共通しているわけで，許せるのと許せないのを分けるのは何なのかなあ。男と女に違うところがあるのは間違いないし……。

兄　：それを考える手がかりとして，平等の2つの概念――形式的平等と実質的平等――が参考になるよ。「**形式的平等**」とは，たとえば学歴や性別に関係なく1人に1票の投票の権利を与えるように，誰も1人として数えられ，1人以上には数えられないこと。(1)の事例は明らかに形式的平等の扱いにはなっていないね。これに対して，目の見えない人のために点字投票という制度が設けられているように，人の現実の違いに着目して異なる扱いをするのを「**実質的平等**」というんだ。(2)〜(6)が実質的平等として許されるかどうかが問題だよね。

妹　：平等は形式的平等から実質的平等へと進化している，といえるんじゃない？

兄　：いや，そういうわけでもないんだ。近代の平等理念はまず「形式的平等」(＝国家による不平等取扱いの禁止）として主張された。すべての人が出発点において平等な機会が与えられること（**機会の平等**）をめざしたからね。それによって達成される結果の不平等は，各人の能力と働きによるもので，各人の責任だということになる。ところが，19世紀後半，結果の不平等が無視できない政治的・社会的問題になってきた。そこで出てきたのが「国家による平等の実現」という考え方。実際上存在する社会的・経済的不平等を是正して平等を実現すべきことが，国家に対して求められるようになったんだ。

妹　：わかった！「**結果の平等**」だね！

兄　：いや，結果の平等といっても，ゴール地点の結果の不平等を完全に解消することまでをめざしたわけではなくて，形骸化した「機会の平等」を実際に確保するための条件を整えることが目標なんだ。だから，「結果の平等」というよりもこの扱いを「実質的平等」というほうが適切で，一般の憲法の教科書も，そう表現している。上でふれた「実質的平等」をさらに実質的なものにする，という感じかな。労働基本権や生存権の保障，累進課税や借地・借家人の保護などがその表れだね。だいたい，国家によって徹底した結果の平等を追求することは，努力に対する正当な評価を求める「自由」の理念と両立しないし，強力な権力を使わなければ実現不可能だから自由に敵対的だよね（⇒**第 3 章 *1***）。

妹　：お兄ちゃん，そんなにアーデモナイ，コーデモナイって言ってるとモテないよ。

兄　：……。

昔はこんな差別があった！

妹　：そういえば，歴史で習ったけど，今の憲法ができる前の日本にはすごい差別があったんでしょう？

兄　：うん。明治憲法時代の法制度の特徴は，形式的平等をほとんど無視していたことなんだ。女性の選挙権は認められていなかったしね。さらに，1947（昭和22）年に削除された刑法旧183条に「有夫ノ婦姦通シタルトキハ二年以下ノ懲役ニ処ス其相姦シタル者亦同シ」（姦通罪）という規定があった。「有夫ノ婦」つまり妻が浮気をすれば犯罪だけど，夫の浮気はおとがめなし，というわけ。まあ，夫がよその奥さんと浮気をすれば姦通罪だけどね。

姉妹：シンジラレナ〜イ！

兄　：また，同じ年に改正された民法旧813条は，離婚訴訟が提起できる場合として，「二　妻カ姦通ヲ為シタルトキ」「三　夫カ姦淫罪ニ因リテ刑ニ処セラレタルトキ」と定めていた。興信所で調べてもらって，妻が浮気しているとわかれば夫から離婚訴訟ができるけれども，夫の場合は，「姦淫罪」つまり強姦罪や姦通罪などによって起訴され，有罪とされないかぎり，妻の側から離婚の訴えは起こせない，ということなんだ。

姉妹：……（あぜん）……

兄　：ほかにも，妻は自分だけで契約を結ぶことも制限

されていたし（ちょうど今の君たち未成年者と同じ地位だね），夫が死亡したときの相続権すらなかったんだよ。法律でこのように堂々と差別がまかり通っていたんだから，社会生活のうえで女性がどれほど低い地位にあったか，想像できるよね。

姉　：あっ，だから，そんな状態を見ていた日本在住のアメリカ人少女が大人になって戦後の日本に占領軍の一員としてやって来て，今の憲法24条の原案を提案したんだね（ベアテ・シロタ・ゴードンさん〔1923～2012〕）。

2　憲法違反の差別とは？

日本国憲法の平等保障

兄　：平等は自由と並ぶ人権の核心だから，平等規定のない憲法は人権を保障しているとはいえない。だから，日本国憲法は，14条１項で「法の下の平等」を宣言したのをはじめ，14条２項で貴族制度の廃止を定め，24条で家族生活における平等を確認し，26条で教育の機会均等，44条で選挙人資格の平等をうたって，名実ともに人権を保障する憲法になったんだ。これをうけて，選挙における１人１票，教育における差別禁止が法律でうたわれるとともに，前にふれた家族に関する差別規定や姦通罪規定が撤廃された。1986年には，雇用上の性差別を禁止する男女雇用機会均等法が制定されてるね。

姉　：さっき出てきた「実質的平等」を憲法は保障しているわけだよね？

兄　：いや，憲法でいう平等とは何よりも「形式的平等」を意味するんだ。《私たちみんなは，等しくかけがえのない存在だ》という「人間の尊厳」の考え方が「平等」の基礎に流れているから，人と人を区別して違った扱いをすることに対しては，疑いの眼で見る必要があるからなんだ。

妹　：でも，さっき，時代の流れで実質的平等が求められるようになった，って言ったよ。

兄　：そうだともいえるね。形式的平等から実質的平等へという平等観の転換は，日本国憲法の25条以下の社会権規定に表れている。

憲法が禁止する差別とは？

姉　：はっきりしないなあ。でも，一人ひとりが異なるのは事実だから，トイレは男女別々なように，まったく同じように扱うことができない場合もあるよね。

兄　：たしかに，《区別することは差別だ》とはいえないね。そこで，最高裁判所は，《合理的根拠のある区別は憲法が禁止する差別ではない》といっている。これまで最高裁が法令を違憲とした判決が12件あるんだけど（⇒第8章〔195-196頁〕），その最初の判決が**尊属殺人罪重罰規定事件**（最高裁昭和48年4月4日大法廷判決）なんだ。殺人罪の刑罰は当時最低懲役3年だったんだけど，卑属（子や孫）が尊属（親や祖父母）を殺した場合は最低でも無期懲役！　実の父親から長年性暴力を受けてきた娘が耐え切れず父を殺害した事件で，最高裁は，法令の規定は立法目的とそれを達成するための手段の二つの側面から考えてともに合理的でなければならないのに，刑法の尊属殺重罰規定は，《立法目的達成のため必要な限度をはるかに超え，普通殺の法定刑に比し著しく不合理な差別的取扱いをするもの》として違憲無効と判断したんだ。つまり，事柄の性質に応じた区別を設けるにあたっての合理的な根拠があるかないか（「**合理的な区別**」／「**不合理な差別**」）によって決まる，というわけ。区別にも許容範囲がある，という意味で，この平等のとらえ方は「相対的平等」といわれる。

妹　：結局，「不合理な差別」って，何？

兄　：憲法14条1項にあげてある5つの区分のうち，人種・性別・社会的身分・門地は《先天的で変更が不可能なもの》，信条は《内心にかかわるもの》であり，「不合理な差別」の代表例だね。でも，たとえば男女別々のトイレを用意することが「不合理」とは思えないから，性別による異なる扱いがすべて違憲となるわけではない。また，この5つの区分は，不合理な差別の例示としてあげられているだけで，これら以外の，たとえば国籍・学歴・障害の有無などによる区別も，「不合理」であれば違憲となるんだ（**例示的列挙説**）。

姉　：それって，平等の保障の範囲は広くなるかもしれないけど，憲法に違反する差別にあたるかどうかが，あいまいだね。

兄　：ザッツ・ライト！　そこをクリアするために，学説では，憲法14条１項があげている５つの区分には特別な意味があり，「違憲の疑いのある類型」とみて裁判所が厳格に審査すべきだ，という主張もある（**特別意味説**）。厳格に審査するとは，立法目的とそれを達成するための手段の関連性について，①立法目的が強力な公共的利益の追求であり，②手段はその目的達成のために是非とも必要であることが求められ，それを国家側が立証できなければ違憲とする，ということだ（**厳格審査テスト**）。これに対して，５つの区分以外については，(i)立法目的が正当なものであり，(ii)手段がその目的の達成のために何らかの関連性があれば合理的であるとされる。この場合，違憲を主張する側（原告）が合理的でないことを証明しなければならない（**合理性テスト**）。もっとも，５つの区分すべてを同じように厳格に審査するのではなく，性別などは少し緩やかに審査すべきという学説もあって，はっきりしているわけではないし，そもそも日本の裁判所はこの考え方に従ってはいないんだけどね。

男女差別はなくなったか？

妹　：そろそろ，はじめの問題の正解を教えてよ。

姉　：問題(1)(2)のような形式的平等にはっきり違反する男女差別の法令は，さすがにいまではほとんど消えたよね。

兄　：でも，(3)〜(5)のように，女性の特質を強調して，男性と区別して扱う措置は戦後も残ったんだ。これが合理的区別として許されるかが問題だよね。このことを考えるさい，「性別」には，生物学的なオス・メスの区別（sex）と，文化的・社会的につくられた性イメージ（gender）とがあるという見方がとても重要なんだ。

妹　：わかった！　(5)の出産保護は“sex”にもとづく合理的な区別だね。

姉　：(3)の結婚・出産退職制は，《男は外で働き，女は家庭を守る》という，“gender”にもとづく「男女役割分業」の考え方の影響だよね。昔は合理性があったのかもしれないけど，いまでは絶対に許されない！　でも，(4)の深夜業禁止などの女性の労働保護規定はどうなのかなあ。絶対ダメとも思わないけど，なんだかなあ。

兄　：そうなんだ。深夜業禁止や残業制限などは女性にとって利益ともいえるから，合理性に疑いがもたれていなかったんだ。ところが，平等をつきつめていくと，女性には身体が強い人も弱い人もいるのに，ひとまとめにして保護することに合理的根拠があるか，当然問題になる。労働保護規定が女性の職場進出を阻む一因であるという意見も出てきた。そこで議論のすえ，1999年から労働保護規定は撤廃されたんだ。

姉　：それでも，今の日本が男女平等とは思えない！　妊娠を理由に降格された理学療法士の女性が訴えた裁判で，最高裁判所が，女性の自由意思による承諾か業務上の必要性がない限り雇用機会均等法違反と判断したよね（最高裁平成26年10月23日判決）。

兄　：セクハラ・パワハラと並び職場での３大ハラスメントといわれる「マタニティ・ハラスメント」（マタハラ）だね。

妹　：逆に男性に対する差別もあるよね。顔のやけどについて男女で差があるのは違憲だという裁判があったね。

兄　：そう。仕事中の顔面のやけどの労災補償で，男性が女性よりかなり低い等級の障害認定しか受けられないのは，著しく不合理で違憲だ，という判決が出たんだ（京都地裁平成22年５月27日判決）。《男にとって顔のキズなんてたいしたことない》というのは，明らかに“gender”にもとづく区別だよね。

姉　：そういえば，男女の区別じゃないけど，レズビアン（女性の同性愛者），ゲイ（男性の同性愛者）、バイセクシャル（両性愛者），トランスジェンダー（自認する性別と身体的な性別が一致しない人）など，性的マイノリティに対する差別も許せないよね（⇒**第８章4**）。

兄　：最近，性的指向やジェンダーアイデンティティを理由とする不当な差別があってはならないという法律ができたね（LGBT 理解増進法，2023年６月制定）。罰則のない理念法だけど，賛否両論が渦巻いている。ネットで調べて考えてみてほしいな。

積極的差別是正？
逆　差　別　？

妹　：最後の(6)女性候補者割当性は？

兄　：これは，**「積極的差別是正措置**（affirmative action，positive action）**」**の事例だよ。大学入学や就職といった場面で女性・黒人など歴史的に差別されてきたグループに属する人を優先するというもの。1999年に制定された男女共同参画社会基本法は，社会参加について男女間の格差がある分野で，男女のいずれか一方に参加の機会を積極的に提供する「積極的改善措置＝ポジティブ・アクション」を策定・実施する責務を，国に課している。これらの人びとが優先的に扱われるべきだ，という理由はこうなんだ。《女性（または黒人）は，足かせをはめられてレースを走っていた。ようやく足かせを取ることができた時には，すでに男性（または白人）とはかなりの差がついている。この差をうめなければ，本当に公正なレースとはいえない》。

姉　：私たち女性にはとても魅力的な政策だけど，自分は過去に差別をしたこともない男性・白人個人にとっては，このような政策は「逆差別」で納得できないんじゃない？　実際，私のカレシは「女性サービスデーは男性差別！」とブチ切れてたよ。

兄　：（えっ，彼氏いるの⁉）憲法14条が実質的平等を保障する規定とみて，積極的差別是正措置も当然にそこに包まれると解する見解もあるけど，前に言ったように，通説はそのような解釈をとっていないから，合理的な根拠がある場合

資料２　：女子差別撤廃条約４条１項

締約国が男女の事実上の平等を促進することを目的とする暫定的な特別措置をとることは，この条約に定義する差別と解してはならない。ただし，その結果としていかなる意味においても平等な又は別個の基準を維持し続けることとなってはならず，これらの措置は，機会及び待遇の平等の目的が達成された時に廃止されなければならない。

に限って，14条のもとで特別な措置が認められる，つまり違憲と解されない，と考えられているんだ。

姉　：他の国ではどうなのかな？

兄　：女子差別撤廃条約にはこの種の措置が「差別」ではないとする規定があるし（**資料**2），ドイツの憲法は「国は，女性と男性の同権が実際に達成されることを促進し，現に存する不利益の除去を目指す」と規定して，「逆差別」の声に応えているんだ。そのような規定のない日本国憲法では，ゴール時点での平等を数字であらわして（たとえば従業員のうちの女性の比率を50%とする），それを強制するような法律（割当制，クオータ）は違憲とされる可能性がある。

姉　：国会議員の女性比率は15.5%（2023年）で，世界150位だって！「ジェンダーギャップ指数」（2023年6月発表）で146か国中125位という残念な結果になったのも，政治参画の遅れが響いているらしいよ。

兄　：たしかに大問題だよね。事例(6)のような割当制を，政党が自主的に実施するのは問題ないだろうね。2018年の政治分野男女共同参画推進法は，男女の候補者の数ができる限り均等となることを目指しているよ。

障害者権利条約の「差　別」

妹　：このあいだ，学校に車いすの人が来てくれてその人の話を聞いたんだけど，障害者権利条約というのができて，平等の概念を大きく変えたと言ってたよ。どういうこと？

兄　：2006年に国連総会で採択された障害者権利条約（日本は2014年に批准）は，たしかに新しい平等観を打ち出しているよ。①障害があることを理由とする差別（直接差別），②（障害を理由にあげていないけれども）事実上差別の効果をもつ扱い（間接差別）に加えて，③**合理的配慮**（reasonable accommodation）を行わないことも「差別」としているんだ（2条）。「合理的配慮」というのは，平等に人権を保障するための「必要かつ適切な変更及び調整」のこと。

妹　：たとえば，どんなこと？　あっ，その車いすのおじさんが言っていたけど，仕事をする能力があるのに，会社に段差が多いから無理だろうということで採用されなかったことがあるって。

兄　：権利条約によると，そういう場合は「合理的配慮を行わない」という理由で差別とされる可能性があるね。従来の考え方では，企業が障害者のために一定の配慮を「しない」ことを差別ということは難しかったけど，このような取扱いは，障害者に非常に過酷な結果をもたらす。だから，合理的配慮概念の導入は，きわめて重大な影響をもたらすと思うよ。もちろん，その配慮には限界もあって，「不釣合いな又は過重な負担」までは要求されないんだけどね。この考えを具体化した「障害者差別解消法」という法律もあるよ（2016年４月施行）。

姉　：でもさ，条約や法律で差別の概念を拡大したといっても，それで憲法上の平等概念の内容が変わるわけじゃないよね。

兄　：それはそうだね。それでも，憲法上の平等に反しないという範囲内で，条約や法律で新しい平等観を追求するのは意味があるだろうね。

3　選挙権の平等

投票できない人びと

兄　：はい，ここで問題です。ある権利の平等問題については最高裁も積極的に憲法裁判に踏み込んでいますが，それは何の権利でしょうか？　ヒントは，「国民の国政への参加の機会を保障する基本的権利として，議会制民主主義の根幹を成すもの」（後述の最高裁平成17年判決）。

妹　：私，近ごろ高校入試を意識して新聞を読んでるからわかるよ！　選挙権！

姉　：選挙権については，憲法前文・１条で国民主権，15条１項で「国民固有の権利」，３項で「成年者による普通選挙」の保障，44条で「人種，信条，性別，社会的身分，門地，教育，財産又は収入によつて差別してはならない」と規定しているよね。女性の選挙権もなかった戦前とはちがって，18歳以上の人に全員保障されているんだから，問題ないんじゃない？

兄　：ところがね，実は「全員」じゃなかったんだ。1998年の改正前の公職選挙法では，選挙権は，①日本国民であって，②20歳以上であり，③３か月以上当該市町村の住民基本台帳に記録されている者に保障された。

在外日本国民の選挙権

姉　：えっ，③を見たら，20年前からアフリカで働いている親戚のおじさんは，日本人なのに日本の選挙に投票できなかったの？

兄　：そうなんだ。外務省によると，2023年10月現在，海外に在留している日本人は，約129万人もいるんだ。諸外国では，在外国民が投票できる制度を作り上げていたので，日本も遅ればせながら1998年に公選法を改正して，③の条件を「選挙人名簿または在外選挙人名簿に登録されていること」に変えて，在外邦人も投票できるようにして，2001年の参議院選挙ではじめて実施された。でもね，実は，まだ問題が残っていた。

妹　：お兄ちゃん，もったいつけてばかりいると，モテないよ。

兄　：……。この改正で国政選挙で投票できるようになったのはよかったけど，「当分の間」比例代表選挙に限るとなっていたから，衆議院の小選挙区選挙，参議院の選挙区選挙は投票できないままだったんだ。

姉　：比例代表の方が技術的に簡単だというのはなんとなくわかるけど，在外日本人にしてみたら納得できないよね。

兄　：だから，このような選挙権行使の制限が憲法14条・15条・44条等に違反するとして訴えが出されて，最高裁判所がこれに正面から答えたんだ（最高裁平成17年９月14日大法廷判決）。最高裁は，遅くとも1996年当時，在外日本人に投票を認めなかったこと，そして，本判決後の選挙で衆議院小選挙区選挙・参議院選挙区選挙の投票を認めないことが，（憲法14条違反とはしなかったものの）憲法15条・43条・44条に違反するとはっきり宣言したんだ。2007年の参議院選挙で在外邦人がはじめて選挙区選挙で投票している。

外国人の選挙権

妹　：さっきの選挙権行使の①の国籍を条件とすることもちょっと気になる。国民主権だから日本国民に限られるのはわかるような気もするけど，近所の在日韓国人のおばちゃんみたいに，日本生まれ，日本育ちで，税金も払っている人が，国会議員や県知事になれないのはまあ仕方ないとして，市会議員の選挙権も与えられないのはどうなのかなあ。

兄　：この問題は，憲法前文・１条の国民主権，15条１項の「国民固有の権利」，憲法93条２項の「住民」をどうとらえるか，によって，評価が変わってくると思うよ（⇒**第２章 *2***）。つぎのような説に分かれている。(ア)「国民」を国籍保持者ととらえ，憲法93条の「住民」も国民を前提としているとする**全面（国政・地方）禁止説**，(イ)国民主権原理は国家権力の行使の影響を受ける人々が国家意思の最高決定者であるというのが趣旨だから，国籍の有無は重要ではないという**全面（国政・地方）許容説**，(ウ)「国民」は国籍保持者に限られるものではなく，生活実態のうえで日本国民と同視しうるような一定の外国人（永住者）を含むとする**全面（国政・地方）要請説**，(エ)93条が（国民ではなく）住民としていることを重視する**国政禁止・地方許容説**。

姉　：最高裁が定住外国人の地方参政権を認めたって，学校で習ったよ。

兄　：最高裁は，「国民」が国籍保有者を意味することは明らかだから，選挙権保障は外国人に及ばないとしたうえで，「我が国に在留する外国人のうちでも永住者等であってその居住する区域の地方公共団体と特段に緊密な関係を持つに至ったと認められるもの」については，地方自治の原理から，法律で地方選挙権を認めることは「憲法上禁止されていない」と述べている（最高裁平成７年２月28日判決）。93条の「住民」は日本国民を意味すると言ってるから，学説とは少しちがうけど，(エ)の説を採用したといっていいんじゃないかな。となると，「最高裁が地方選挙権を認めた」というのは正確ではない。

妹　：また，お兄ちゃんのアーデモナイがはじまったよ。

兄　：……。たしかに，最高裁は，地方選挙権付与が違憲ではないといったんだけど，それは，判決の結論に関係ない「傍論」部分で述べたことなんだ。このことをどう見るかによって意見が違ってくるね。被選挙権まで認めるかどうかも，議論が分かれているね。

受刑者・成年被後見人の選挙権

姉　：さすがに他にはもう選挙権を認められていない人はいないよね。

兄　：ところがね，禁錮刑以上の受刑者には選挙権が認められていないんだ（公職選挙法11条）。どう思う？

妹　：悪いことしたんだから仕方ないんじゃない？

兄　：当然合憲だという下級審判決もあるけど，ある裁判所が，選挙権の行使とは無関係な犯罪に関わる受刑者が大多数であり，受刑者だからといってみんなが順法精神に欠け，公正な選挙権の行使が期待できないとはいえないから，受刑者から一律に選挙権を奪うのは憲法15条・43条・44条に違反する，と判断している（大阪高裁平成25年９月27日判決）のが注目されるね。

姉　：そういえば，成年後見人が付いた人（成年被後見人）も選挙権ないよね。

兄　：それについても裁判で争われて，ある裁判所が，成年後見制度の利用基準は財産を管理・処分する能力の有無だから，選挙権を行使する能力とは異なると指摘し，被後見人みんなが選挙権を行使する能力を欠くわけではないから，選挙権を奪うのは憲法違反と断じているんだ（東京地裁平成25年３月14日判決）。その後，公選法が改正されて，成年被後見人も選挙に参加しているよ。

妹　：私たちはつい《あの人は～だから権利なくてもしかたないよね》と

簡単に認めちゃうけど，人権の重みを考えたら，もっともっと厳密に，慎重に考えなきゃいけないね。反省。

投票価値の平等

兄　：今までの話もすごく大事だけど，選挙権の平等でもっとも激しく争われているのは，**議員定数の不均衡**問題なんだ。たとえば，人口10万人のＡ選挙区と40万人のＢ選挙区の定数がどちらも４名だったら，どう思う？

妹　：Ｂ選挙区の有権者の１票の価値は，Ａ選挙区の人の４分の１ってことじゃない⁉

姉　：それだけ差があることは，実際にはないんじゃない？

兄　：ところが，1972年に行われた衆議院選挙のときは，最大較差が１対4.99（！）だったんだ。さすがにこれに対しては，最高裁判所が，選挙権の平等は，「選挙権の内容の平等，すなわち各投票が選挙の結果に及ぼす影響力においても平等であること」を含み，約５倍におよぶ較差は正当化できないとして，定数配分規定を違憲としたんだ（最高裁昭和51年４月14日大法廷判決）。その後，最高裁は，最大較差１対3.94（昭和58年11月７日大法廷判決），１対3.18（最高裁平成５年１月20日大法廷判決）を違憲としているけど，１対2.92（最高裁昭和63年10月21日判決），１対2.171（最高裁平成19年６月13日大法廷判決）は合憲としている。

姉　：それだと３倍を超えるかどうかが基準みたいだけど，２倍を超えた較差が違憲だと最高裁は言ってなかったっけ？

兄　：近年，最高裁は投票価値の平等に厳しい姿勢を示していて，１対2.304（最高裁平成23年３月23日大法廷判決），１対2.425（最高裁平成25年11月20日大法廷判決），１対2.129（最高裁平成27年11月25日大法廷判決）をいずれも違憲状態としている（もっとも，最高裁令和５年１月25日大法廷判決は，最大較差１対2.079を，較差是正が予定されているから合憲としている）。国会も深刻に受け止める必要があると思うよ。

妹　：ところで，参議院選挙の場合も衆議院と同じ基準なのかな？

兄　：参議院議員も「全国民を代表する」（43条１項）点では衆議院議員と同じだけど，３年ごとの半数改選だから１選挙区に偶数配分しなければならないこと，都道府県代表の性格をもつことなどを理由に，最高裁は，衆議院よりも緩やかに判断してきた。１対5.85でも合憲としたけど（最高裁昭和63年10月21日判決），さすがに１対6.59は違憲状態と判断した（最高裁平成４年７月26日大法廷判決）。その後，最高裁は，「参議院議員の選挙であること自体から，直ちに投票価値の平等の要請が後退してよいと解すべき理由は見いだし難い」と述べたうえで，都道府県を参議院議員の選挙区の単位としなければならないという憲法上の要請はないとして，１対5.00（最高裁平成24年10月17日大法廷判決），１対4.77の較差を違憲状態と判断した（平成26年11月26日大法廷判決）。１対3.00の較差は合憲としたけど（令和２年11月18日大法廷判決），最高裁が投票価値の平等の現状に危機感を抱いているのがうかがえるね。

妹　：選挙権年齢が「満20歳以上」から「満18歳以上」に引き下げられてるから（2015年公職選挙法改正），そんなに大切な選挙権をお姉ちゃんもそろそろ持つんでしょう。だいじょうぶかなあ。

4　家族をめぐる平等問題

憲法の家族規定

妹　：最近，家族についての憲法問題をニュースでよく見る気がする。歴史で習ったけど，昔は「家（イエ）」制度があって，個人の自由がすごく押さえつけられていたんでしょう？

兄　：「家」は個人を超える存在として重視され，結婚の自由などの個人の自由を否定する根拠となっただけでなく，前に言った妻の浮気のみを罰する姦(かん)通(つう)罪や離婚原因に代表されるような女性差別の温床となったんだ。このような家族像が，「家族生活における個人の尊厳と男女の本質的平等」（24条）を規定する日本国憲法において許されるはずがないよね。だから1947（昭和22）年，民法の親族・相続の部分が全面的に改正されたんだ。

姉　：もともと，家族の形って憲法が決めるものなのかな？　それぞれの人がいいと思う家族の形を作るのではだめなのかな。

兄　：それについては，憲法学者の間でもとらえ方が分かれているんだ。ある人は，《法律婚の家族（つまり婚姻届を提出した夫婦とその子）こそ社会や個人を支える基盤だから，これを憲法は特に重視している》，ととらえている（**社会の単位としての家族像**）。別の学者は，《さまざまな家族のかたちのうち１つの家族形態のみを憲法が保護しているとは考えられない》として，個人の自己決定による自由な家族形成を重視している（**個人を単位とする家族像**）。この考えでは，事実婚の家族も同性婚の家族も，法律婚と同じように保護されなければならないことになるね。こういう基本的な対立があることを前提にして，具体的な家族問題をいくつかみていこうか。

非嫡出子差別

姉　：まず，法律上の結婚をしていない男女の間に生まれた非嫡出子（婚外子）に対する差別があるよね。とくに，非嫡出子の相続分が嫡出子の半分（民法旧900条４号但書）というのは，社会的身分による差別を禁止している憲法14条に違反していると思うけど。

兄　：この点について，かつて最高裁判所は，法律婚を守るという目的は合理的だし，非嫡出子にも一定の相続分を認めているのだから著しく不合理だとはいえないとして，この規定を合憲とした（最高裁平成７年７月５日大法廷決定）。

姉　：ところが，最高裁は，家族形態の多様化や国民の意識の変化などにより，「子にとっては自ら選択ないし修正する余地のない事柄を理由としてその子に不利益を及ぼすことは許されず，子を個人として尊重し，その権利を保障すべきであるという考えが確立されてきている」として，相続分の差別を違憲としたよね（最高裁平成25年９月４日大法廷決定）。最高裁がようやくわたしに追いついたね。

夫婦別姓問題

妹　：驚いたことに，夫婦別姓がまったく認められていない国は日本のほかにはほとんどないんだって！

兄　：日本でも，96％以上の夫婦が夫の姓を名乗っている現状のなかで，同姓を強制する現在の法律はおかしいと，別姓を主張する動きがあるね。「民法の一部を改正する法律案要綱案」（1996年１月16日，法制審議会民法部会決定）は，「夫若しくは妻の氏を称し，又は各自の婚姻前の氏を称する」という「選択的夫婦別姓制度」の導入を提案しているよ。今のところ，この改正案は国会提出にも至っていないけどね。

姉　：民法750条は「夫婦は……夫又は妻の氏を称する」と中立的な定め方をしているから，憲法14条の法の下の平等に違反しているというのは難しいような気がする。それとも，結果としてほとんどが夫の姓を称していること自体が，憲法14条や，憲法24条の「個人の尊厳と両性の本質的平等」の考え方にそぐわないことになるのかなあ。

兄　：民法750条違憲論の多くは，平等問題に加えて，憲法13条を持ち出している。夫婦の一方が嫌でも自分の姓を捨てなければならないのは，「氏名についての自己決定権」（⇒**第５章**第６節***3***）や「氏名を保持・継続する権利」を侵害する，というわけ。でも，自分がつけたのでもない祖先から受け継いだ姓を保持するというのは，個人主義にもとづく自己決定権とは，ピッタリこない感じがするよね。

姉　：みんなに別姓にするように求めるのではなく，どうしても同姓では困る人が別姓を選べる制度はあってもいいんじゃないかな。

妹　：たしか，最高裁がこの問題について判断しているよね（最高裁平成27年12月16日大法廷判決）。

兄　：最高裁は，氏には社会の構成要素である家族の呼称としての意義があり，「氏の変更を強制されない自由」は憲法上保障されていないとして，憲法13条違反を否定した。法の下の平等（憲法14条）についても，民法750条の規定自体に形式的不平等はないので，14条違反にもならないと言っている。

姉　：でも，同姓では困る人が結婚をしにくくなるのは，「婚姻の自由」や「個人の尊厳と両性の本質的平等」（憲法24条）の制限にならないのかなあ。

兄　：それについて，最高裁は，「家族は社会の自然かつ基礎的な集団単位と捉えられ，その呼称を一つに定めることには合理性が認められる」，「家族を構成する個人が，同一の氏を称することにより家族という一つの集団を構成する一員であることを実感する」と述べて，夫婦同氏の制度が，個人の尊厳と両性の本質的平等の要請に照らして合理性を欠く制度であるとは認められない，と結論づけたんだ。

姉　：たしか，5人の裁判官が，夫婦同氏の制度は憲法24条に違反するという意見を出しているよね。

兄　：多数意見には，「社会の自然かつ基礎的な集団としての家族」を重視するという傾向が強いね。その意味で，この問題も先にふれた家族像の違いを反映している面があると思う。判決は，選択的夫婦別姓制に合理性がないとはいえず，制度のあり方は国会で判断されるべきと述べているから，今後の舞台は国会に移る。選択的であっても夫婦別姓を導入することが家族の崩壊につながりかねない，という恐怖が《社会の単位としての家族像》の立場を取る人びとの一部にあるようだけど，国会がどう判断するか注目されるね。

再婚禁止期間

姉　：再婚した叔母ちゃんから聞いたんだけど，民法733条は夫と死別・離婚した女性の再婚について，6か月の禁止期間を設けていたんだって！　明らかに性別による差別だし，婚姻の自由の侵害。許せない！

兄　：最高裁はかつて，「父性の重複を回避し，父子関係をめぐる紛争の発生を未然に防ぐ」ことを理由に合憲としている（最高裁平成7年12月5日判決）。民法772条2項が定める父性推定（婚姻成立の日から200日後または婚姻解消の日から300日以内に生まれた子は婚姻継続中に懐胎したものと推定）からすると，死別・離婚後すぐに再婚すると2人の父親が重複して推定されるので，それを防ぐということ。立法目的には一応の合理性はあるんじゃないかな。

妹　：でも，離婚と同時に再婚した場合でも，父性推定が重複するのは100日だけだよね。6か月も再婚を阻むのはやりすぎだよ。

姉　：妊娠の可能性のない女性の再婚までも禁止しているんだよね。目的達成のために必要な手段とはいえないから，再婚禁止の規定は違憲と解すべきだと思うよ。法制審議会民法部会の改正案では再婚禁止期間を「100日」に短縮することにしているんでしょう？　親子関係の医学的鑑定ができるようになった現在では，それも必要な手段とはいえないと思うけど。

兄　：たしかにこの規定はおかしいよね。最高裁は，2015（平成27）年，立法目的は合理性があるけれども，100日を超える部分は婚姻の自由に対する合理性を欠いた過剰な制約を課すものであり，憲法14条と24条に違反する，と判断した（最高裁平成27年12月16日大法廷判決）。

国籍法の結婚要件

姉　：日本人男性と外国人女性の間に生まれた子どもの国籍に関する最高裁判決があったよね。

兄　：出生の時，父母のどちらかが日本国民であれば，当然子どもは日本国籍を得られる（国籍法2条）。だから，外国人の母が妊娠中に日本人の父が認知（胎児認知）すれば，子どもは国籍をもてるけど，出生後に認知しても，父母が結婚しないかぎり，子どもの日本国籍は認められなかった（2008年改正前の同法3条1項）。

姉　：たしか，最高裁は，この仕組みが憲法14条に違反すると判断したんだよね（最高裁平成20年６月４日大法廷判決）。

兄　：最高裁は，日本社会との密接な結びつきをもつ者にかぎって日本国籍を付与するという立法目的には合理的根拠があるといっている。そして，生後認知された子どもについて，父母の結婚によって父との生活の一体化が生じ日本社会との密接な結びつきが生じた者のみに国籍を与えるという方法は，規定ができた当時は，その目的との間に一定の合理的関連性があったけれども，今日では，非嫡出子の増加など親子関係の実態も多様化しており，日本人と外国人との間に出生する子が増加している。これらのことを考慮すれば，父母が法律上の婚姻をしたことをもってはじめて，子に日本国籍を与えるに足りるだけのわが国との密接な結び付きが認められるものとすることは，立法目的との間に合理的関連性を見いだせず，不合理な差別となっている，というのが最高裁の判断だった。

姉　：最高裁も認めざるをえなくなった家族形態の多様化が，《社会の単位としての家族像》と《個人を単位とする家族像》の対立に，今後どういう影響をおよぼすのかなあ。

同性婚が認められるか？

妹　：同性婚を認めない民法の規定が違憲だという裁判が起こされてるよね。

兄　：国は，「婚姻は，両性の合意のみに基づいて」とある憲法24条１項を根拠に憲法は同性婚を保障していないと主張しているけど，裁判所の中には，同性カップルに婚姻制度の利用によって得られる利益を一切認めないのは，個人の尊厳に基づいて家族に関する法律を制定するよう定めた憲法24条２項に違反する状態と判断したものもあるね（福岡地裁令和５年６月８日判決など）。

第2幕　生存権の現在

生存権は「権利」？

兄　：憲法14条は形式的平等の保障を一番のねらいとしている，と前に述べたけど，憲法25条の生存権は，形式的に人を平等に扱っていたのでは明らかに不公正なほど格差があるとき，国家の手を借りて，その格差を少なくしようとするものなんだ。

妹　：たしかに，今は「格差社会」といわれていて，他人事じゃないもんね。でも，人権っていったって，生きていくことが大前提なんだから，生存権ってあたりまえじゃない？

兄　：「国民の生活に国家が配慮する」ことはいつの時代でも問題とされてきたけど，国家に対する国民一人ひとりの権利として把握されるようになったのは，そんなに古い話じゃないんだ。

姉　：知ってる！　ワイマール憲法（1919年）でしょう！「経済生活の秩序は，すべての人に人間たるに値する生存を保障することをめざす正義の原則に適合しなければならない」（151条1項）と規定したのよね。でも，ここには「権利」の言葉がないね。

兄　：そうなんだ。この規定は個人の権利を定めたものとは理解されず，国が政策的目標を設定し，それを実現させるべく努力する義務を定めたものにすぎないとされていたんだ（**プログラム規定説**）。日本国憲法25条の生存権についても，憲法制定当初は，判例も学説も，プログラム規定説が大勢をしめていた（最高裁昭和23年9月29日大法廷判決〔食糧管理法違反事件〕）。焼け跡から出発した戦後日本にとって，「健康で文化的な最低限度の生活を営む権利」を国が保障するなどということは，《絵に描いたモチ》と感じられたのも無理はないね。

姉　：ちょっと思ったんだけど，表現の自由などの自由権と生存権とでは，

「守る」といっても意味が違うんじゃない？

兄　：うん。《国家よ，手を出すな！》という自由権は，国家が何もしなければ守られるけど，生存権は《国家よ，手をかせ！》という権利だから（⇒**第３章 *1***），どれほど手をかせばよいかよくわからない。だから，自由権と同じ意味の権利だとはいえないだろうね。生存権の法的性格をめぐって議論が沸騰するのも当然だと思うよ。

妹　：でも，日本国憲法25条でははっきり権利と書いてあるよね。それでも権利じゃないの？

兄　：そういう声がだんだん強くなって，生存権はやはり権利だという見解が出てきたんだ。でも，どういう権利かっていうところでまた説が分かれている。まず，**「抽象的権利説」**が唱えられた。憲法のレベルでは，この権利はまだ抽象的に保障されているだけで，直接裁判所に訴訟を提起して最低限度の生活保障を求めることはできないけれど，生存権を具体化する法律が存在する場合には具体的権利になる，というんだ。

姉　：なんだかよくわからない権利ね。権利の実現を法律に頼ってるわけね。

兄　：これに対して，「最低限度の生活」を保障する生存権の権利内容は，生活科学その他の知識をもって明確にできるので，立法部を拘束できるほどには具体的だから，法律が存在しないときには，立法不作為（立法しないこと）が違憲であることの確認を裁判所に求めることができるという説（**具体的権利説**）が登場した。ただ，この見解はそれほど「具体的」な請求権を国民に認めるわけではなく，直接裁判所に最低生活保障を求めることはできないとするんだ。

妹　：あんまり「権利」という感じがしないなあ。

兄　：このような状況を打開するため，最近，一定の場合には憲法を根拠に裁判所に給付を請求できるとする見解も現れている（**給付請求権説**）。それによれば，「健康で文化的な最低限度の生活」が正確にどの水準かは不確定であるとしても，時代や社会通念からごく大まかなラインを引くことは不可能ではない。たとえば，ホームレスの生活や電気も水道もない生活はそれ以下であろう。そのようなケースで，原告が「最低限度の生活」以下であることが明らかな範囲内の給付に限定して請求してきた場合には，裁判所はそれに応じなければならない，というんだ。

姉　：でも，この説は，文字通り「最低限度」以下の場合をイメージしているんでしょう？　生活保護制度みたいな。それ以外の社会保障制度については，憲法はまったく関係ないのかなあ。

兄　：たしかに，生存権を実現する制度には，生活保護のように最低限度の生活保障を求めるものと，より快適な生活の保障を求めるものが含まれているよね。社会保障制度すべてに同じように憲法25条の効力が及ぶわけではないだろうね。それぞれについて，保障の程度や司法審査のあり方を変えるべきだとする考えが，現在では有力になっているんだ。

姉　：最高裁もそうなのかな？

最高裁の生存権論

兄　：最高裁判所は現在，プログラム規定説を採っていないけど，生存権の権利性を追求しようとしているかといえばそうではないんだ。堀木訴訟判決（最高裁昭和57年７月７日大法廷判決）は，「憲法25条の規定の趣旨にこたえて具体的にどのような立法措置を講ずるかの選択決定は，立法府の広い裁量にゆだねられており，それが著しく合理性を欠き明らかに裁量の逸脱・濫用と見ざるをえないような場合を除き，裁判所が審査判断するのに適しない事柄であるといわなければならない」と述べて，非常に広範な立法裁量論の立場を打ち出している。

姉　：「著しく合理性を欠き明らかに裁量の逸脱・濫用と見ざるをえないような」立法なんてあるのかなあ？

兄　：事実上社会保障制度が憲法違反とされることはなくなったといってもいい過ぎではないだろうね。現に，これ以降現在に至るまで，社会保障に関する多くの制度について違憲だとする訴えが裁判所に持ち込まれてきたけど，最高裁は一貫して立法裁量論によってことごとく合憲としている。

姉　：「健康で文化的な最低限度の生活」とはどういうものかを，時と場所を超えて一律に定義することができないのはたしかよね。

兄　：そう。その意味で，生存権を具体化する法令の内容を決めるさいに，国会や行政機関（厚生労働省など）にある程度の裁量（判断の幅）が認められることは否定できない。国民の代表である国会が制定した具体的な社会保障制度を憲法違反だと断ずることに，裁判所が慎重なのももっともなことだから，最高裁の立法裁量論にも一理あると思うよ。

姉　：だけど，どんな制度でもほとんど違憲とはならない現在の「広範な立法裁量論」は問題じゃない？　そもそも裁量は万能ではないはずだし。

兄　：憲法に権利として規定されている以上，「いざとなれば裁判所に訴えれば救済を受けられる」という国民の期待にある程度応えられる法理論でなければならない，と僕は思うよ。

高齢社会の生存権

妹　：日本はどんどん高齢化（人口にしめる65歳以上の高齢者の比率）しているよね。2023年９月時点で29.1％だけど，2070年には38.7％になるんだって！　社会保障はだいじょうぶなのかな？

兄　：先進国はどこでも高齢化が進んでいるけど，日本の場合はそのペースが速すぎて準備が不十分であるところに特徴があるんだ。だから，生存権はこれからますます重要性が増す権利だけど，この権利は放っておけば守られるものではないんだ。どのような負担のあり方であれば，世代間の不公平感を少なくできるか，《高福祉→高負担→大きな政府》の道を選ぶか，それとも《低福祉→低負担→小さな政府》の道か，あるいはその中間か，僕たち自身が，新聞などの報道を参考にして，将来の社会保障制度のあり方を選択しなければならないと思うよ。

【まとめ】

・「平等」とは，まず「形式的平等」を意味するが，事柄の性質に応じた合理的根拠のある区別であれば「実質的平等」も許されることがある。
・憲法が禁止する「差別」にあたるかどうかは，区別をするにあたって合理的な根拠があるかどうかで判断される。
・選挙権の平等について，最高裁判所は近年，積極的に取り組んでいる。
・憲法が家族をどうみているかをめぐって，《社会の単位としての家族像》と《個人を単位とする家族像》との対立がみられる。
・高齢化が急速に進む日本では，生存権の意義がますます重要になっている。

【参考資料】

アメリカの人種差別撤廃を目指す公民権運動を指導したマーチン・ルーサー・キングの著書『自由への大いなる歩み』（雪山慶正訳，岩波新書，1959年〔原著1958年〕）と『黒人の進む道』（猿谷要訳，サイマル出版会，1968年〔原著1967年〕）を読むと，人間の差別意識のおぞましさと同時にそれを克服しようと努力する人間に希望を感じます。図書館や古本屋で探して読んでみてください。また，想像を絶する人種差別の実情と，それでも屈服させることのできない人間の尊厳を高らかに謳いあげた『アミスタッド』（1997年，スティーヴン・スピルバーグ監督）は，ぜひ観てほしい映画です。

家族をめぐる憲法問題を詳しく知りたい人は，辻村みよ子『憲法と家族』（日本加除出版，2016年）がおすすめです。

生存権については，立岩真也・尾藤廣喜・岡本厚『生存権――いまを生きるあなたに』（同成社，2009年）で，日本社会の今を実感してください。

人権や平等を学ぶ一番の参考資料は，自分の「目」と「心」です。新聞やテレビのなかに，そして身の回りの人や出来事のなかに，人権や平等が問題になることは

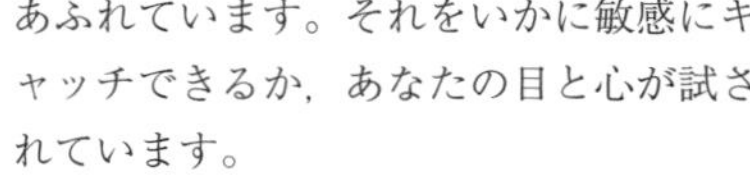

あふれています。それをいかに敏感にキャッチできるか，あなたの目と心が試されています。

第5章

自由な社会に不可欠の人権

第1節　信教の自由

1　信教の自由とは

信教の自由は最初の人権

近代における立憲国家の成立に宗教改革が大きな役割を果たしたことにはすでにふれました（⇒**第1章 *2***）。王権神授説を背景にした絶対王政の崩壊を導いたのは，当時正統とされていたカトリック教会の聖書解釈に抵抗するという信教の自由を獲得するための運動（プロテスタンティズム運動）だったのです。人権の歴史は，信教の自由にはじまりました。

〈何をどのように信ずるかは，わたし自身の問題であり，わたし自身で決めることができる〉という「信教の自由」（20条）の考え方は，信仰の場面だけでなく，〈内心においてわたしがどう考えようと，それは国が干渉すべきではない事柄だ〉という「思想・良心の自由」（19条）へと広がりました。そして，今度は〈わたしが内心において考えたことを外に表現することも，自由であるはずだ〉という主張にもつながりました。これを保障するのが「表現の自由」（21条）です。

日本国憲法20条の内容

では，ここで信教の自由を保障している憲法20条の条文を読んでみましょう。そこには，実は二つのねらいが規定されています。

① 何人も，信教の自由を侵害されないこと（1項前段と2項）。

② どの宗教団体も国から特権を得てはならないこと（1項後段），国が特定の宗教団体と結びついてはならないこと（3項）。

うえの①は，わたしたち個々人に個別的な信教の自由を保障する規定です。わたしたち個々人の権利（right）を保障することは，「主観的利益の保障」と呼ばれることがあります。これに対して，②は，わたしたち個々人の権利とは直接には関係しないけど，国が特定の宗教団体と結びついてはならないという「政教分離原則」を規定しています。憲法には，こうして，一面で個々人の権利を規定しつつも，他面で国が守るべき客観的に正しいこと（right）を定める「客観的原則の保障」を目指した条文もあるのです。

このように，憲法20条は，わたしたち個々人の主観的な信教の自由を保障する部分と，国と宗教団体との分離を客観的に指示する部分からなっています。そして，この二つの部分は，つぎのように理解することができるでしょう。

個々人の信教の自由を保障する（①）ためには，国が特定の宗教団体と結びつくべきではありません（②）。

この意味では，政教分離原則の究極的な目的は個々人の信教の自由の保障にあるといえるでしょう。ただ，政教分離原則には，国家の支援をうけた宗教団体が国家統治の実権を握った近代以前の「祭政一致」の統治を防止するという個別の狙いがあるともいえます。この二つ目の理解を下敷きにすると，政教分離原則の究極の狙いは「国教樹立の禁止」にあるといえそうです。

2　狭義の信教の自由

信教の自由の内容

信教の自由の保障は，内心に信仰心を抱くこと（抱かないこと）を越えて，信仰に従って，儀式，礼拝，宗教行事を行うこと，さらに，宣伝布教活動をすることを含みます。つまり，その保障は，心の中だけに及ぶのではなく，信仰にもとづく行為にまで及んでいるのです。

ところで，うえで，信教の自由の保障は……「及ぶ」といいました。信教の自由の「保障が及ぶ」という意味は，通常なら違法である，あるいは，不利益を課されそうな行為であっても，信教の自由を理由として，適法行為とされたり法的責任が問われないことがある，ということをいいます。このことを，いくつかの判例で確認してみましょう。

たとえば，あるキリスト教の牧師が，福音主義の信仰に基づき，犯人を教会に匿ったことがあります。この犯人を匿うという行為は，通常なら，刑法103条に規定されている犯人蔵匿罪にあたるのですが，裁判所は，キリスト教の牧師の「正当な業務による行為」（刑法35条）にあたるとして，無罪を言い渡したことがあります（**牧会活動事件**〔神戸簡裁昭和50年２月20日判決〕）。これは信教の自由を実質的な理由として刑事罰を免れた事例といえるでしょう。

また，非暴力を信仰の核心とするエホバの証人の信者である公立学校の生徒が，必修科目である剣道の授業の受講を「闘いを好まず」の教義に則り拒否したため，留年・退学となった事件があります。この事例で，最高裁は，当該生徒にとっては，非暴力は①信仰の核心部分にあり，したがって，②真摯な信仰であって，かつ，③校長は剣道の受講にかえる代替措置をとることが可能であったのにそれをしなかったことを指摘して，退学処分は違法であると判断しました（**エホバの証人剣道拒否訴訟**〔最高裁平成８年３月８日判決〕）。いくら信仰心に基づく行為であるといったって，どんな行為でも許されるわけではありません。うえの剣道拒否事件は，生徒の真摯な信仰心からでた行為であるからこそ，一定の条件の下で国はそれに配慮しなければならない場合があることを示した事例でした。

信教の自由の限界

個人の信仰が内心にとどまっている場合には，国はそれを規制するすべをもちません。このことをとらえて，ときに〈内心領域は絶対的に保障される〉といわれることもあります。ただ，個人の心の中は，そもそも法の世界にはないと考えればよいでしょう。

しかし，内面における信仰が外部に行為となってあらわれている場合には，他の人の人権や国の重要な利益との関係で調整が必要になることもあります。信教の自由といえども制約されうるのです。但し，その場合でも憲法上の権利としての信教の自由の重要性に鑑みて，国は，信教の自由を制約する重要な世俗的利益があることを立証しなければなりません。

たとえば，他者の生命や身体を守るというのは，信教の自由を制約する重要な世俗的利益といえます。これに関連して，祈祷師が「あなたには悪霊がついている，わたしがその悪霊を追い出してあげましょう」とばかりに，線香護摩を焚いて除霊行為をしたために，結果として対象者を死に至らしめたという事件がありました。最高裁は，一種の宗教行為としてなされたものであっても，それが他人の生命，身体等に危害を及ぼす違法な有形力の行使である場合には「著しく反社会的なものであることは否定し得ない」として，信教の自由の保障の範囲を逸脱していると判示しています（**加持祈祷事件**〔最高裁昭和38年5月15日大法廷判決〕）。

また，同じような事例として，オウム真理教という宗教団体が，猛毒サリンを地下鉄で散布して数十人を死に至らしめた，という重大事件がありました。このような活動をした教団に対して，裁判所は，計画的・組織的にサリンを大量に生産し，人の生命・身体を害したことを理由として，「オウム真理教という教団は，今後，宗教法人として活動してはならない」としました。さらに，最高裁は，オウム教団に対するこの解散命令について，憲法20条に反するものではないと判断しています（**オウム真理教解散命令事件**〔最高裁平成８年１月30日決定〕）。

うえの二つの事例とも，行為のもとになっている宗教が淫祠邪教であるとか，インチキだとかを理由とするものではありません。そうではなく，その行為が人の生命・身体に重大な影響をもたらしたという結果の反社会性を理由として，当該行為は，たとえ宗教行為であると抗弁したとしても許されない，としているのです。

3　政教分離

国と宗教団体との関わり合いは絶対に禁止されているのか？

政教分離原則は，どの国でも採用されているわけではありません。たとえば，イスラム諸国においては，祭政一致をとる国があることはよく知られています。

また，ひとくちに「政教分離」といっても，国家が宗教に対してどのような態度をとっているのかについては，国や時代によってさまざまです。たとえば，アメリカやフランスは，厳格な政教分離を採用しているといわれています。アメリカでは，建国当時の事情により，国による宗教への財政援助にはつよい警戒心がもたれています。フランスでは，公立学校教育に宗教色がはいらないようにと，生徒に宗教的シンボルのあるものを身につけないよう厳しく求めることが政治的な論争にもなりました。ところが，アメリカでは大統領が就任式のときに聖書に手を当てて宣誓をしますし，フランス文化のなかにはカトリックの慣行が深く根を下ろしています。政治から完全に宗教の影響を拭い去れるものでもないのです。宗教は，ある文化圏に所属する者の心の傾向でもあるので，国の統治から完全に切り離すことが無理な場合もあるのです。

さらに，国が福祉や教育・文化に深く関わるようになると，宗教団体との関わり合いが避けがたくなった部分もあります。寺社が保有する文化財の修復に国が補助金を支出してよいかとか，宗教系私立学校の経常費を補助してよいかといった問題がそれです。

こうした宗教団体が行う世俗的な活動への国による補助，助成まで，政教分離原則は禁止しているのでしょうか。

政教分離違反の判定方法

地方公共団体が神式の地鎮祭を主催したことが政教分離違反に問われた事案で，最高裁は，憲法上禁止される宗教的活動を《その目的が宗教的なもので，その効果が宗教を促進あるいは他の宗教を抑圧するもの》としたことがあります（津地鎮祭事件〔最高裁昭和52年７月13日大法廷判決〕）。国の行為が政教分離原則に反するか否かを判定するこの基準を「目的・効果基準」といいます。最高裁はこの基準のもとで，地方公共団体が地鎮祭を主催することについて《宗教との関わり合いを否定できないが，その目的は土地の平安堅固，工事の無事安全を願うという専ら世俗的なものと認められ，かつ，その効果は神道を援助，助長するものでも，他の宗教を圧迫するものでもない》として，20条３項により禁止されている宗教的活動にあたらない，と判示しています。

この基準に照らすと，宗教的組織を背景にもつとはいえ，福祉事業や宗教系学校への援助，助成は世俗的目的にでるものであって政教分離原則には反しない，とされそうです。

ただ，ある地方公共団体が，靖国神社に玉串料・献灯料として，護国神社には供物料として，合計16万6000円の公金を支出していたことについて，この公金支出が政教分離原則に違反しないか争われたとき，最高裁は，それらの金銭支出は憲法20条３項，89条に違反すると判断しています（**愛媛玉串料訴訟**〔最高裁平成９年４月２日大法廷判決〕）。公共団体が靖国神社に対して玉串料などを奉納することは，《特定の宗教団体の挙行する重要な宗教上の祭祀に関わり合いを持つことであって，「社会的儀礼」として慣行化されるに至ったとはとうていいえない》，というわけです。そして，うえのような宗教団体との関わり合いは《当該公共団体が特定の宗教団体を特別に支援しており，それらの宗教団体が他の宗教団体とは異なる特別のものである，との印象を一般人に与える》ので，この地方公共団体による金銭支出の目的は宗教的意義をもち，その効果は特定の宗教に対する援助，助長，促進になる「宗教的活動」にあたると結論したのです。

なお，ある地方公共団体が儒教施設の土地の使用料を免除していたことはわが国の社会通念に照らして20条３項の禁止する宗教的活動にあたるとされた事例もあります（**孔子廟政教分離訴訟**〔最高裁令和３年２月24日大法廷判決〕）。

宗教団体への公金支出は89条にも違反する

憲法89条は，公金その他の公の財産を，宗教上の組織または団体の使用，便益，維持のために支出したり利用させたりすることを制限しています。この条文は，政教分離原則を財政面から支えていると理解されてきました。

このことに関連して，最高裁は，ある地方公共団体がその公有地を神社の敷地として無償で町内会に貸与してきたことを憲法89条に違反すると判断したことがあります（**砂川政教分離訴訟**〔最高裁平成22年１月20日大法廷判決〕）。この事件は，地方公共団体が公有地という「公の財産」を〈氏子集団〉を含む町内会に無償で利用させていたというのですから，明らかに89条に違反するというわけです。また，この判決は，公有地を神社の敷地として貸与した目的が何であれ，その「直接の効果」が，宗教施設の維持存続のためであるから政教分離原則に反するともしています。

内閣総理大臣による靖国参拝は？

靖国神社への内閣総理大臣あるいは閣僚の参拝は，政教分離原則との関係で，その憲法適合性がつねに問われてきました。

この点について，ときの内閣総理大臣が，公式に，あるいは，公式参拝であるか否かを明らかにすることなく靖国神社に参拝した行為について，それを政教分離違反に問う訴訟もたびたび提起されています。この問題に関して，最高裁は，誰かが神社等に参拝する行為は他者の信仰生活等に対して直接圧迫，干渉をもたらす行為とはいえないので，この行為によりかりに原告の宗教上の感情が害されたとしてもこのことを被侵害利益として損害賠償を求めることはできないとしたことがあります（最高裁平成18年6月23日判決）。ただ，下級審判決のなかには判決文の中で内閣総理大臣の靖国参拝の違憲性を確認したものもあり（福岡地裁平成16年4月7日判決，大阪高裁平成17年9月30日判決など），裁判所においても判断がわかれている問題だといえます。

第2節　思想・良心の自由

19条の保障内容

憲法19条は「思想及び良心の自由は，これを侵してはならない」と定め，内心における思想や良心の自由を保障しています。ところで，前節でお話しした憲法20条の信教の自由は信仰の自由の内心領域として良心の自由まで保障していると理解できますし，次節で扱う21条で保障されている表現の自由も内心における思想の自由もその保障範囲に含めているとも理解できます。このように考えると，これらの条文とは別に，もっぱら内心領域のこととも考えられる思想・良心の自由をわざわざ19条が規定している意味が疑問に思われてきます。

わが国では，行動を通じて人の内心における思想・良心を知ろうとしたことがありました。たとえば，江戸時代の「踏み絵」は，マリア像を踏むことを強制して，その人の信仰を知ろうとしたものです。また，国が，人びとの行動から得た情報に基づいて，一定の思想・良心をもつと推測される人を不利に扱ったりすることも考えられます。憲法19条は，こうした国の行為を禁止しているのです。つまり，国が個人に内面の思想・良心と異なる行動を強制すること，内心を判定するようなテストを行うことを禁止し，個人の心の中を告白しない自由（沈黙の自由）を保障しているのです。

「君が代」の伴奏・斉唱や国旗の掲揚は良心の自由に反するか？

わが国では，何が国旗であり，何が国歌であるのかについて，法律で決められています（1999年に制定された「国旗及び国歌に関する法律」)。国旗・国歌を法律で定めることは思想中立的ですが，その掲揚，斉唱を強制することは，“国家への忠誠”という特定の思想の表出を外部的行動により求めることなので，19条上の問題が生じうると考えられます。

これに関連して，公立学校の音楽教師が，「君が代」斉唱に加担したくないという理由で入学式でのピアノ伴奏を拒否したために職務命令違反として懲戒処分を受けたという事件があります。最高裁は，「君が代」伴奏の義務づけは一般的には音楽教師に特定の歴史観ないし世界観を強制するものではないこと，また「君が代」の伴奏をしたからといって客観的にも「君が代」に賛成する立場だとは受け取られないであろうから，当該職務命令および懲戒処分は思想・良心の強制にはあたらないと判示したことがあります（**「君が代」ピアノ伴奏拒否事件**〔最高裁平成19年２月27日判決〕)。

うえの事例は，音楽教師にピアノ伴奏をさせるという事例で，それはたしかに，国家への忠誠の表明を求めたものではないといえそうです。では，入学式・卒業式といった式典での国歌斉唱の折に，参加者に起立・斉唱を命令することはどうでしょうか。かりに命令違反についてなんらかの不利益が課されたら…。思想・良心の自由を盾に，この命令を拒否したとき，その拒否の動機がやむを得ない真摯なものであるような場合には，信教の自由のエホバの証人剣道拒否訴訟のときのように，

国になんらかの配慮を求めることはできないのでしょうか。

第3節　表現の自由

1　表現の自由の重要性

なぜ表現の自由なのか？

日本国憲法21条では「集会，結社及び言論，出版その他一切の表現の自由は，これを保障する」（1項）と定めています。この表現の自由は，憲法が保障している基本的人権のなかでも，最も重要な人権であるといわれてきました。でも，なぜ，表現の自由が保障されなければならないのでしょうか？　そして，なぜそれが最も重要な人権なのでしょうか？　その理由として，つぎのようなものが考えられます。

① 人間はものいう動物である。いいたいことがいえなければ，大いに不満がたまってしまう。多くの人がそう感じると，いずれその不満は爆発してしまうだろう。これは「社会安定」のためという理由です。

② 人間は，他の人びととの自由なコミュニケーションを通して，自分の特性・個性・役割・能力等々を確認し，発展させることができるといわれます。表現の自由は，自分がどんな人物かを社会のなかで発見し，自らを成長させるために不可欠なのだ。つまり，表現の自由が「自己実現」に仕えるというのです。

③ 人間は，他の人びととの自由なコミュニケーションを通して，さまざまな知識を吸収することができる。表現の自由は，知識の授受に必要不可欠だというわけです。

④ 民主政治は，国を治めている人びとを自由に批判することを通して運営さ

れる政治である。歴史的にみても，政治について人びとが自由に発言できることが重要なのだ。これは「民主政維持」を理由として表現の自由の重要性を基礎づけるものです。

うえの③についてもう少し説明してみましょう。

かつて「真実」といわれていたものが実は誤っていたと気づいたり，「とんでもない」といわれていた考え方に十分な理があったことを知れたのは，自由な表現があってこそ，です（J・S・ミルは「真理と虚偽とを対決せしめよ」といったといいます。そうすれば，何が真理かわかるだろう，というのでしょう)。憲法21条は〈どんな知識であれ，自由に授受して，みんなで自由に考えてみよ〉といっているのではないでしょうか。そうしておけば，あとはわたしたちの自由な討論の過程で，内容の真偽，善し悪しを判定すればいい。それはちょうど，ありとあらゆる商品が市場に流れ出て，需給関係によって価格が決定される経済自由市場に似ています。あらゆる知識が自由に表出されて，自由な討論のなかでその善し悪しを選択することを「思想の自由市場論」といいます。

このような効用が考えられるからこそ，表現の自由は，憲法が保障する基本的人権の中でも最も重要な人権であると考えられるようになったのでしょう。したがって，かりに法令によって表現を規制する場合には，その規制に十分な理由が必要になるのです。

検閲が絶対に許されないのはなぜでしょうか？

表現とは，表出者と受領者の間で何らかの記号を用いてなされる，思想・情報の伝達行為のことです。したがって，表現には，常に他者の存在が想定されています。このことから，表現の自由とはいえ，それが他者の憲法上の権利・利益と抵触する場合には，それとの利益調整が必要とされてきます。他者の「名誉を毀損する表現」とか「プライヴァシーを侵害する表現」が保護されないのはこのためです。

しかし，たとえうえのような表現であったとしても「思想の自由市場論」によれば，それが言論市場に出る前に，国がその表現の善し悪しを検討して市場に出ないようにすることは，原則として許されていません。このことは「事前規制の原則的禁止」と呼ばれています。この事前規制がどのような場合に許されるのかについて，最高裁は，ある政治家を「嘘と，ハッタリと，カンニングの巧みな」少年だった，「言葉の魔術師であり，インチキ製品を叩き売っている」という言葉で誹謗・中傷した雑誌の出版の事前差止めが求められた事案において，〈その言論がもっぱら公益を目的とするものではなく，しかも回復不可能なほどの不利益が生じる場合〉にのみ許されるとしています（**「北方ジャーナル」事件**〔最高裁昭和61年6月11日大法廷判決〕）。

歴史をふり返ると，統治者は，人びとの表現行為を神経質に制約してきました。〈国王や大臣を非難中傷する表現は危険だ〉と処罰の対象とすることもありましたし，人間が複数集まると何をしだすかわからないという理由で，結社や集会を禁止することもありました。また，知識や情報が共有されることで，市民が啓蒙されることを統治者は嫌って事前に表現物をチェック（検閲）して，その公表を禁止することもありました。これは表現の自由にとって最も危険な規制方法です。知識や情報は統治を批判する最強の武器となるからです。そこで，事前規制のうち「検閲」という形式でなされるものは，絶対的に禁止されています（憲法21条2項前段）。なにが「検閲」に該当するのかについては，あるフィルム・書籍等が輸入禁制品にあたると判断した方法・手続が検閲に該当するのではないかと争われた事案において，最高裁は〈行政権が主体となって表現物の発表禁止を目的として思想内容等を調査すること〉は検閲にあたるとしています（**税関検査事件**〔最高裁昭和59年12月12日大法廷判決〕）。

表現を事後に規制することができるのはどのような場合でしょうか？

ここまでのことをまとめると，こうなります。

①表現の自由が濫用されるおそれを理由として，表現を事前に規制することは許されず，原則として，事後規制で対処されなけ

ればならない。

②事後に規制する場合であっても，表現の自由の重要性に鑑みて，表現を規制するだけの十分な理由が明らかにされなければならない。

「事後規制」とは，ある表現がなされたあとに，当該表現者に刑事上または／および民事上の責任を負わせることをいいます。この事後規制には，表現された内容を理由として表現した人に法的責任を負わせる「表現内容規制」と，内容とは関係なく表現する手段・方法についてあらかじめ規制しておく「表現内容中立規制」があります。

さて，では，どのようなことを理由としてなら表現規制は許されるのでしょうか。ここでも，参考になるのが，**第3章3**の「人権の限界」でふれた「他者加害原理」，「感情侵害原理」，「リーガル・モラリズム」，「パターナリズム」といった法原理です。もっとも，いずれかの原理を根拠とする表現規制であったとしても，それが正当であるとされるためには，表現を禁止する十分な合理性があることが規制者（つまり国）側で証明されなければなりません。つまり，かりに表現規制をしようとするなら，言論市場で判断されるまでもなくその表現内容あるいは表現手段が違法であることを国はいつでも説明できなければならないのです。

2　表現の内容規制

他者加害を誘発するときは規制可能？

一定の犯罪または禁止されている行為を「あおる」表現は禁止されています（煽動罪に問われます）。ただ，どんな表現でも，それを切っ掛けにして，他者の生命や身体に対する「危険」をもたらすかもしれません。たとえば，新聞が政治家の汚職を暴いたとすると，その政治家はテロリストに狙われることになるかもしれません。また，アニメの大げさな表現をまねした子どもが，他の子どもを傷つけるという危険もあるでしょう。でも，こんな，危険をもたらすかもしれないという理由で，ある表現を規制してよいならば，表現の自由は画餅となることでしょう。

こうした問題に対処するために，アメリカには，国が表現者をその表現内容を理由に処罰できるのは，その表現によって具体的害悪がもたらされる「明白にして差し迫った危険」の存在が立証されたときだけであるという判例法理があります（「明白かつ現在の危険テスト」）。他者加害（犯罪）を誘発する表現を規制する場合であっても，その表現に犯罪を誘発する「明白にして差し迫った」危険が必要だというのです。

わが国の最高裁がこの「明白かつ現在の危険テスト」を正式に採用したことはありません。ただ，これに近い判断が示されたことがあります。それは，ある団体が集会を開催しようと市民会館の使用を申請したのですが，市側はこれを許可すれば反対する団体からの妨害活動が予想されるので「公共の安全」確保を理由に不許可処分をしたことの違法性が問われた事案で，最高裁は〈明らかに差し迫った危険の発生が具体的に予見される場合〉には会館の使用を許可しないこともできると判断したのです（**泉佐野市民会館事件**〔最高裁平成7年3月7日判決〕）。

わいせつな表現は規制されてよいのでしょうか？

みなさんも，わいせつな本，写真，ヴィデオを多くの人に配布することが禁止されていることは知っていますね（刑法175条によって「わいせつ物頒布罪」となります）。なぜわいせつな表現は処罰対象とされるのか，その理由をいくつか考えてみましょう。

① それを見たくない人に不快感を与えるから。
② わが国の性道徳を退廃させるから。
③ 性犯罪の原因となるおそれがあるから。
④ 犯罪にまでならなくても，性的変質者をうみだすかもしれないから。
⑤ 子どもに悪影響を与えるから。

どうも，どれも決定的な理由にはならないようです。なぜなら，

①の不快感について。わたしがわいせつな小説を書いて販売すれば「見たい人／見たくない人」の区別なく，わたしは処罰されます。かりに，他者加害原理のもと，見たくない人の感情を守るための規制ならば，表現方法を制限する（販売の場所や方法を工夫する）ことで目的は達せられるはずです。

②の道徳的でないが理由なら不倫小説とかも処罰されないと，おかしいですよね。**第３章*3***「人権の限界」でみたように，もともと道徳を維持するために表現の自由を制限するという考え方（これを「リーガル・モラリズム」といいました）自体，再検討されなければならないでしょう。道徳を守るために自由を制限することは，なぜ，許されるのでしょうか。

③の性犯罪原因論について。わいせつ表現は，本当に，性犯罪の原因となるのでしょうか？　国が表現者を処罰できる場合の「明白かつ現在の危険テスト」は，〈たんなる憶測に基づいて表現を規制することなかれ〉といっていたはずです。

④の変質者誘発論も，たんなる憶測でしょうね。

⑤の子どもへの影響論について。これ，もっともらしい理由ですが，子どもに悪影響をあたえるかもしれないという理由によって，大人の読書水準を決定してよいのでしょうか。この子どもへの影響というのも証明困難であると同時に，これも表現方法を制限することで目的を達することができるはずです。

なんだか，あまり明確ではないですよね。実は刑法175条の罪は「被害者なき犯罪」なんていわれることもあります。わいせつなものに興味をもつことは「悪いこと」だから犯罪である……，こういう理屈は法学の世界では成立しないはずです。

わいせつな表現とは？

ところで，「わいせつ」な表現って，どんな表現のことでしょうか。

D・H・ローレンスの名著『チャタレイ夫人の恋人』が「わいせつ文書」にあたるかどうか問題になった事案で，最高裁は「わいせつ３要件」を提示しています。それによると,「わいせつ」とは,①いたずらに性欲を刺戟興奮させるために,②通常人の正常な性的羞恥心を害し,③善良な性的道義観念に反するもののことである,とされています(**チャタレイ事件**〔最高裁昭和32年3月13日大法廷判決〕)。みなさんは,この定義で,なにが「わいせつ」で,なにがそうではないか,理解できますか? とくに,③の「善良な性的道義観念」って,誰の性的道義心が基準となるのでしょうか。こうした疑問に応えるように,最高裁も,近年では,わいせつなものを「性に関する露骨で詳細な描写や叙述」,「読者の好色的興味にうったえるもの」として,それにあたるか否かを「その時代の社会通念」に従って判断するとして,少しは客観的な基準をうちだしてきています。

実際,一部に男性器の写真があるとして写真集が輸入禁止になった事案において,最高裁は,その写真集全体の芸術性を強調して「わいせつ」ではない,と判断しています(**メイプルソープ事件**〔最高裁平成20年2月19日判決〕)。このように,かつてなら,〈そんなのとんでもない,わいせつだ〉とされていたであろうものでも,その表現の芸術性や文化的価値に鑑み,わいせつ性が否定される事案もふえてきています。それでも,この最高裁判決も,わいせつ表現を規制する理由については,〈社会の健全な性道徳・性風俗を維持するためである〉(118頁の②の理由)としていますが,リーガル・モラリズムによる行為規制は説得的でしょうか。

善良な性道徳や性風俗を維持するために,性行為を公然となすことは規制できても,その規制を表現の領域にまで及ぼそうとするのは,論理的に無理だと思われます。刑法175条の合憲性を維持するためには,他者加害原理に基づき,わいせつ物をみたくない,善良な生活環境を維持したいなどの個人の性的自己決定に具体的危険が生じる場合に限定して適用されるべきでしょう。

「有害図書」について

1950年代より,多くの県や市では,18歳未満の青少年(子ども)が「有害図書」にふれることを規制しようとする青少年保護条例を制定してきました。有害図書とは,わいせつ表現には該当しないが〈青少年の性的感情を著しく刺戟したり，残虐な行為を著しく助長する表現物〉のことをいいます。この指定をうけた図書については，青少年への販売や自動販売機への収納を禁止するとか，店頭でもビニール袋にいれて青少年が簡単に見ないよう工夫せよと販売関係者に義務づけるというのが，条例がとる規制手段です。

ところが，「有害図書」には，性的なものからそれとは無関係だが残虐な表現まで含まれていて過度に広範な規制となっています。その結果，当の青少年にとっては，表現の自由に含まれる「知る自由」（情報受領権）に対する侵害度の高い規制になっていないでしょうか。

こうした条例について，最高裁は，有害図書が「青少年の健全な育成に有害であることは，既に社会共通の認識」であること，自販機での販売は対面販売に比べて心理的にも購入意欲が刺激されやすいこと等を理由として，うえのような条例の規制に合憲判決をくだしています（**岐阜県青少年保護育成条例事件**〔最高裁平成元年９月19日判決〕）。

アメリカでも未成年者保護の見地から「下品」で「明らかにいやらしい」表現を情報ネットワークに流すことを禁止する法律が制定されましたが，当地の最高裁は，「下品」「明らかにいやらしい」という文言があいまいであることを理由に，この法律を違憲であると判断しています。このアメリカの考え方からすると，わが国の「有害図書」規制は，その規制対象の不明確さゆえに過度に広範な規制として事案によっては違憲とされる場合もあり得るのではないでしょうか。

また，うえの最高裁判決を先例として，県条例にいう「著しく青少年の性的感情を刺激し，その健全な成長を阻害する」性質をもつコンピュータ・アニメ・ソフトの規制を合憲とした判決があります（最高裁平成11年12月14日判決）。従来の有害図書規制の目的は，青少年の健全育成にくわえて，彼（彼女）らがポルノ産業に巻き込まれることや性犯罪の被害にあうことの防止，という現実空間におけるものでした。ところが，うえの規制は，仮想空間における「非実在青少年」を性的対象として描くことまで規制しようとするものです。清廉，純潔を法的に強制する社会は，実に不気味ではないでしょうか。

ヘイトスピーチは規制されるべきか？

本書は，「誤った考えなどなく，どんな考えでも，思想の自由市場において自由に競争すべきで，問題の発言を制限することは，たとえ事後であっても，原則として許されない」と述べてきました。「思想の自由市場論」です（⇒本節 *1*）。では，つぎのような主張はどうでしょうか。

〈黒人がオリンピックで活躍できるのは，奴隷制のもとで，強い奴隷を選択してきた所有者のおかげだ〉。

これは，聞いた人，とくに対象とされた人に，つよい不快感を与えかねない表現です。このような発言も「思想の自由市場において解決されればいい」といえるでしょうか。このような表現が思想の自由市場で討論されればされるほど，対象とされた人の心の傷は深まってしまうのではないでしょうか。

人種や性，あるいは，少数集団（マイノリティー）などに対する，侮辱・嫌悪・排斥などを内容とする表現のことを「差別的表現」といいます。諸外国では，このような行為を「ヘイトスピーチ」として，それを法規制することの是非が表現の自由との関係で議論されています。わが国でも，原告の設置，運営する朝鮮学校に対して威圧的態度で侮辱的発言をともなう表現をすることがその教育事業を妨害し，その名誉を毀損する不法行為にあたるとされた事例があります（朝鮮学校街頭宣伝差止事件〔大阪高裁平成26年7月8日判決〕）。さて，こうした表現がなされないよう，国が法律でヘイトスピーチを禁止すべきでしょうか。

本書は，こうした表現の是非についても，本来的には法規制によるのではなく，法規制のない言論空間のなかでの自由な議論に委ねられるべきである，と考えています。なぜなら，ヘイトスピーチの問題は，それが表でなされなければそれでよい，という問題ではないからです。異なる思想，宗教，文化どうしの相互理解は，法規制によってもたらされるのではなく，やはり自由な言論のくり返しによって実現することだろうと思うからです。

なお，直接の制裁規定をもたないとはいえ，国は，2016年に「ヘイトスピーチ対策法」（本邦外出身者に対する不当な差別的言動の解消に向けた取組の推進に関する法律）を制定しました。

3　内容中立規制

表現の手段・方法の規制が広く行われているのはなぜか

これまで，他の人の生命や身体を危うくする表現とか，名誉やプライヴァシーを傷つける表現とか，「わいせつ」な表現であるといった，表現の内容によって表現を規制することができるかみてきました。つぎは，こういった表現の内容ではなく，表現の手段・方法を理由として表現の自由を制限することができるかについて検討してみましょう。

たとえば，駅前広場でのビラ配布は，一般的には制限されています。また，電柱などに広告物を貼ってはいけないという条例もあります。これらは，ビラや広告物の内容に問題があることを理由に，その表現行為を規制しているのではありません。そうではなく，人通りの多いところでのビラの配布は交通秩序を乱すことになるとか，街の美観を損ねることを理由に，表現行為を規制しているのです。こうした表現規制の手法は，表現の内容には関係なく表現行為を規制しているという意味で「表現内容中立規制」といわれたり，ときに「時・場所・方法規制」と呼ばれてきました。ビラ貼りやビラまき，街頭演説，デモ行進などの方法による表現は，街の美観，交通秩序，治安や住民の平穏な生活の維持等を理由として，広く規制されています。なぜ表現内容中立規制は，このように広汎に許されているのでしょうか。

その理由は，表現の手段・方法の規制の場合は，規制されていない別の手段・方法により同じ内容の表現をすることが可能なのだから，表現の内容自体を規制してしまうことに比べると表現の自由に対する制約度が低いからだ，とされています。たとえば，演奏会のビラを駅前広場で配布することができなかったとしても，ポスターにして掲示板に貼るとかウェブやSNSで広めるなど，別の手段で演奏会の案内をすることはできる，というのです。

ただ，表現は，それを伝える手段によって，効果的になったり逆になったりするものです。表現の自由には，内容の自由とともに，どの手段でもってそれを伝えようとするのかの自由まで含まれています。パソコンで書いたものより手書きのラブレターの方が効果的だとは思いませんか？

郵便受けにビラを投函すると処罰されるのでしょうか？

管理者，居住者の同意を得ないで，公務員宿舎の各室の玄関ドア・ポストに政治的ビラを投函したことが住居侵入罪（刑法130条）にあたるとされた事案で，最高裁は，「たとえ思想を外部に発表するための手段であっても，その手段が他人の権利を不当に害するようなものは許されない」と判断したことがあります（**立川反戦ビラ事件**〔最高裁平成20年４月11日判決〕）。政治的ビラに書かれた内容は他の手段によっても表明することができ，また，表現の自由といっても他者の正当な利益を害する自由まではない，とはいえるでしょう。

管理者や居住者の同意なく宿舎内に立ち入る行為は，たしかにその宿舎の住人の生活の平穏をいくぶんかは害しているかもしれません。それでも住人としては，ビラ投函の場に居合わせたら受け取らなければよく，ポストのなかにあったら捨てればよい程度ではないでしょうか。近所の人に知ってほしいことがあったとき，あなたならどのような表現手段で伝えますか？　また，本件は，本当に表現内容中立規制だったのでしょうか。ポストには政治的ビラの他にも宅配の広告や宗教勧誘ビラもありませんか。そうしたビラ投函行為も処罰されていたのでしょうか。

4　マス・メディア規制

プレスの自由

わたしたちが接する情報の多くは，テレビや新聞，週刊誌等のプレス（マス・メディアのうち定期性・規則性あるものをプレスといいます）によってもたらされています。プレスの自由は，わたしたちの生活にとって欠かせないものであり，裁判所も「報道機関の報道は，民主主義社会において，国民が国政に関与するにつき，重要な判断の資料を提供し，国民の知る権利に奉仕するものである」（**博多駅テレビフィルム提出命令事件**〔最高裁昭和44年11月26日大法廷決定〕）とその価値を認めています。また，プレスの活動は，通常，取材，編集，報道というプロセスで行われるので，プレスの自由はその活動全般に及ぶとされています。

ところで，プレスの自由が憲法21条１項の表現の自由で保障されている，というときの，その意義はなんでしょうか。それは，信教の自由のときにも見たように（⇒第１節 ***2***），ある行為が通常なら違法であるとされるような場合であっても，それがプレスの自由を理由にその違法性が阻却されたり法的責任を負わないとされたりすることがある，という意味です。たとえば，新聞や週刊誌がある人を中傷する報道をしたとすると，通常は名誉毀損に問われることになります。ただ，それが政治家の汚職や資質といった「公共的な事柄」に関するものの場合で「確実な資料，根拠」による報道であった場合には，たとえそれが事実ではなかったとしても名誉毀損にはなりません。犯罪の加害者はもちろんですが，その被害者についての実名報道が一般にはプライヴァシー侵害にはあたらないとされていることも，同様です。プレスには21条上の特権があるとされているのです。報道関係者の取材源は「職業の秘密」（民訴197条１項３号）に該当するとして取材源秘匿権を認める判断がなされたり（最高裁平成18年10月３日決定），取材方法が法秩序全体の精神に照らし相当なものである限りは国家秘密についての取材も正当業務（**外務省秘密電文漏洩事件**〔最高裁昭和53年５月31日決定〕。ただし，本件では取材対象者の人格の尊厳を著しく蹂躙する方法であったとされている）といえるとされたのも，プレスの特権に含まれるからでしょう。

ただ，テレビの場合は，十分な取材を行って報道しなければならないだけでなく，視聴者に誤った印象を与えることも規制されています。あるテレビ局が“〇〇地域の青物野菜から高濃度のダイオキシン検出”と報道したところ，〇〇地域の野菜がその報道を境に全く売れなくなったという事件がありました。最高裁は，テレビの場合には，放送内容全体から受ける印象等からその放送の真偽を判定し，虚偽である場合には名誉毀損にあたると判断しました（**テレ朝ダイオキシン訴訟**〔最高裁平成15年10月16日判決〕）。この事件では，実際には，高濃度のダイオキシンは野菜からでなく煎茶から検出されたにもかかわらず，野菜から検出されたかのような印象を視聴者に与える虚偽報道だったとされたのです。

インターネットに関する法規制

わたしたちの表現行為の多くは，いまや，インターネットを通じてのものになっています。「インターネット」は，1969年，アメリカ国防総省によって，軍事研究を支援するための閉鎖的ネットワークとして誕生したのですが，いまでは，誰もがアクセス可能な世界中に広がるネットワークとなっています。この発明によってわたしたちが受けた恩恵は計り知れない反面，近時は，自由な言論空間であるがゆえにもたらされている弊害も増えてきているとされています。こうした事態に対処するための法理論をすこし見ておきましょう。

インターネット上での権利侵害に対応するために，2002年に「プロバイダー責任制限法」が制定されています。この法律は，インターネット上で個人の権利侵害があったとき，発信者情報の開示と削除をプロバイダーに求めていることが特徴的です。ただ，ネット上での権利侵害の影響は大きいと思われる（したがって，表現は現実空間より厳しく規制した方がよいとも思われる）ところ，最高裁は，インターネット上の名誉毀損事案についても，現実空間における基準と同じ基準で判断しています。「インターネット上での表現であっても，他の場合と同様に，確実な資料，根拠に照らしてその事実が真実であると誤信した場合には，名誉毀損罪は成立しない」というのです（最高裁平成22年３月15日決定）。

ところで，インターネット検索事業者に対して検索結果の削除を求める権利として「忘れられる権利」が説かれています。最高裁は，この権利には言及しなかったものの，検索結果の提供に対してプライヴァシーを保護する法的利益の優越が「明らかな場合」に限って，その削除を求めることができるとしています（**グーグル決定**〔最高裁平成29年１月31日決定〕）。

第４節　職業選択の自由，居住・移転の自由

1　職業の自由

さまざまな職業選択への制約

人が生きていくうえで，宗教を信じたり，政治的な発言をしたりすることは大切なことですが，衣食住も欠かせません。それを得るために，通常は仕事をしてお金を得ることになるでしょう。このとき，どういう仕事をするかということは，単に生活の糧としてお金を得る手段というだけではなく，その人の生き方にとっても極めて重要な意味を持っています。

憲法22条１項は職業選択の自由を定め，どんな仕事に就くかという選択にあたって国家から強制・妨害されないことを保障しています。そうはいっても，自

分のやりたい仕事に必ず就けるとは限りません。会社が新人を募集していない，自分の能力・資質が足りない，運がない等々の理由で希望する職種・企業に就職できないケースは多いでしょう。そういう意味では，私たちの職業選択は「不自由」かもしれません。しかし，これらは憲法問題ではありません（⇒**第 3 章 *1***）。上のような（ある意味では“仕方ない”）ケースとは異なって，国家が意図的に職業の選択を制約している場合にはじめて「自由権の制約」という憲法問題となるのです（このことは，すべての自由権についていえます）。

では，実際にはどのような制約が存在しているのでしょうか？　まず，そもそも法制度上，職業とすることを認められていないものの例として，殺し屋，麻薬の販売，売春の管理をあげることができます。また，全面的禁止ではないものの，職業とするためには一定のハードルを超えなければならない職種は膨大な数にのぼります。このハードルにはいくつかのタイプがあり，主要なものとしては「**届出制**」と「**許可制**」があります。

届出制・許可制

届出制とは，職業活動をはじめるにあたって，事前に国（あるいは地方公共団体）に氏名や店舗の場所等を知らせなければならないとする制度をいいます。これに対して許可制とは，あらかじめ全ての人にその職業活動を禁止しておき，国（あるいは地方公共団体）が“この申請者ならば大丈夫だ”と判断した場合に限って職業活動できるようにする制度をいいます。届出制は必要な書類を提出しさえすればよいのに比べて，許可制は一定の基準を申請者が満たしているかどうかを審査して，それに適合しないならば不許可とされるため，届出制に比べるとより厳しい規制といえます。

適正配置規制

さらに，許可のための基準にもさまざまなものがあります。たとえば，レストランを開店するために必要な飲食店営業許可ならば，都道府県知事は次のような場合に申請を不許可とすることができます。

①過去２年の間に食品衛生法違反で罰せられた人による申請の場合
②食品衛生責任者という資格を有する人を置いていない場合
③衛生確保のために必要な施設設備の基準をクリアしない場合

最後の基準③については，施設の明るさ，換気設備，ねずみやゴキブリが侵入できない構造になっているか，はては調理場の床の素材に至るまで細かく定められています。これら諸条件はいずれも申請者自身の努力によってどうにか解決できるものですが，なかには本人の努力ではどうすることもできない許可基準が設けられる場合があります。その例は，公衆浴場法に基づいて各都道府県が条例で定める適正配置規制です。条例は，既に営業している別の公衆浴場から開業予定地が一定距離（多くは300メートル）以上離れていなければならないことを基準の一つして定めています。この距離制限のことを適正配置規制といいます。申請者は既存の他の業者を無理矢理立ち退かせることはできないのですから，自分の努力だけではこの適正配置規制をクリアすることはできません。別の場所でなら開業することができるとはいえ，希望する場所で開業することができないならば，その職業をあきらめなければならない場合も多いはずです。

そうしてみると，適正配置規制のような，自分ではどうにもできないことを許可の条件として設定された場合，私たちは，自分には何にも落ち度がなくても，その職業をはじめることが極めて難しくなってしまうのです。これは職業選択の自由にとって由々しき事態です。

薬事法事件

「既に周囲100メートル以内に薬局があるので，あなたには薬局開設許可を与えません」という内容の県知事による決定が争われた**薬事法事件**で，最高裁判所は適正配置規制を設けている薬事法を憲法違反だと結論しました（昭和50年４月30日大法廷判決）。判決は「一般に許可制は，単なる職業活動の内容及び態様に対する規制を超えて，狭義における職業の選択の自由そのものに制約を課するもので，職業の自由に対する強力な制限であるから」規制の合憲性を注意深く審査する，と宣言したのち，おおむね次のように述べました。

　薬事法の適正配置規制は，次のような想定に基づいて設けられている。そもそも薬局を好きな場所に開設してよいことにすると，薬局が偏在して，集中する箇所では競争が激化し，体力の弱いところは経営が不安定になるかもしれない→経営が行き詰まった薬局は，売ってはいけない不良医薬品を売ったりするかもしれない→国民の生命・健康に対して危険が及ぶことになる。この「生命・健康への危険を防止するため」というのが，薬事法が適正配置規制を設けている理由だ（こうした弊害除去という規制の目的は「消極目的」と呼ばれます）。しかしながら，このような因果の連鎖の想定は，確実な証拠に基づいておらず，実際に起こるかどうかが疑わしいもので想像の域を超えていない。しかも，不良医薬品が販売されてしまうことに対しては，適正配置規制以外にも有効な手立てが法律によって様々に講じられている。たとえば，許可の取消しのほか，立ち入り調査をし，是正命令を発することもできるようになっている。したがって，国民の生命・健康は大切ではあるけれども，そのために，近くに既存店舗があるから開設させないという規制を設けるのは，職業選択の自由に対する許されない制約だ。

　もっとも，このような憲法違反の判断はむしろ例外で，最高裁判所は同じような事案であっても「憲法違反ではない」という結論に至ることがあります。なぜでしょうか？　しばしば用いられる理由づけは，職業選択の自由に対するその規制は国の経済を健全に発達させ国民生活を安定させるために中小零細の企業を保護しようとしているのであり，その政策判断は一応納得できる，というものです。保護される企業に勤める国民の数や国内経済における重要性などを考えれば，経済的基盤の弱い中小零細企業を守ろうと立法府が決断したとしてもあながち理由のないことではない，というわけです（国民経済の円満な発展や社会公共の便宜の促進，経済的弱者の保護等といった規制目的は「積極目的」と呼ばれます）。

とはいえ，最高裁判所も，この種の理由がありさえすればそのためにどんな規制手段を講じても憲法違反とはならないと考えているわけではなく，誰がどう見てもオカシイといえる場合（最高裁判所の表現では「著しく不合理であることが明白である」場合）には憲法違反となるといっています。もっとも，これまでそう判断された例はありません（たとえば，**小売市場事件**〔昭和47年11月22日大法廷判決〕，**たばこ小売販売業事件**〔平成5年6月25日判決〕）。

職業遂行の自由・廃業の自由

これまで職業をスタートする時点に着目して話を進めてきました。しかし，憲法はスタート（職業選択）だけを保障しているわけではありません。選択した職業を継続して行っていくことができなければ選択の意味はなくなりますし，その職業が嫌になってもやめることを許されないようでは困ります。そこで，職業遂行の自由や廃業の自由もまた，22条1項によって保障されていると理解されています。

2　居住・移転の自由

職業と住まいの関係

以上では職業の自由を考えてきましたが，人は「わたしは○○の職に就きたい」と昔から自由にいえたわけではありません。日本でもヨーロッパでも，かつて農民は土地に縛り付けられており，農民の子として生まれたら，その土地で農業を継いで生きていくことが運命づけられていたのです。農民の子であってもしだいに他の職業に就く人が出てくるようになりましたが，その職に就いて生計を立てていくためには生まれ育った土地から離れることが必要な場合が多いことは容易に想像できるでしょう。憲法が**居住・移転の自由**を職業選択の自由と同じ条文のなかで保障しているのには，こうした歴史的な背景があるのです。

こんにちでは，22条の保障のもとで（職業とは関係なくでも）自分の気に入った土地に引っ越すことができます。さらに，旅行する自由もまた22条によって保護されており，国家は正当な理由なしにわたしたちの旅行を妨害してはならないと考えられています。

居住・移転の自由への制約

居住・移転の自由を制限する制度としては感染症患者や精神障害者に対する強制的入院などがあります（感染症法19条以下，精神保健福祉法29条以下）。前者は重大な感染症拡大の防止，後者は自傷他害の防止という正当な理由のための合理的制約と考えられていますが，必要以上の人権制約とならないよう運用には慎重さが求められます（⇒**【コラム】6**）。

【コラム】6 ──ハンセン病患者隔離政策継続の謎

ハンセン病は感染力が弱く，また，感染しても発病するおそれも低い病気です。ところが，遺伝すると誤解されていたこと，不治の病と解されていたこと，病気が進んだ患者のなかに顔に変形が生じたり手足の動作が不自由になったりする者が生じて古来差別の対象とされてきたこと等により，日本では明治末期以降，患者を隔離する政策が長らく継続されてきました。「恐ろしい感染症」という人々の認識の多くは誤解であり，1920年頃から有効な治療薬が国内でも用いられ始め，効果が広く知れ渡るようになる等，強制隔離を続ける理由は客観的には存在しなかったにもかかわらず政策は継続され，根拠となる法律（らい予防法）が廃止されたのは1996年のことでした。その間，退所のルールが明確でなかったことや，長い入所の間に家族とのつながりや，職業等の社会での様々な生活基盤を失っており，社会の入所者に対する差別・偏見が根強い点を考慮すれば，退所しても社会復帰は容易でないと考えられたこと等から，多くの入所者が（法の廃止後も含め）生涯を療養所で過ごしました。

裁判所は，強制隔離政策が学業の中断，職の喪失，結婚し，家庭を築き，子供を産み育てる機会の喪失等，「人生のありとあらゆる発展可能性が大きく損なわれ……患者の人生に決定的に重大な影響を与える」もので，単なる居住・移転の自由の制限ではなく，より広く憲法13条に根拠を有する人格権そのものに対する重大な制約と理解すべきだ，と述べました。そして，ハンセン病に対する医学的認識，治療薬に対する評価の状況等を考えると，遅くとも1960年には隔離政策の合理性を支える根拠を全く欠く状況に至っていた，として国の責任を明確に認めました（熊本地裁平成13年５月11日判決）。

第５節　財産権・私有財産制

1　近代私法の三原則

身分から契約へ

中世封建社会から近代の市民社会に展開する過程で，近代私法の三原則が形成されました（私法とはここでは民法のことを指します）。それが，①**権利能力平等の原則**，②**所有権不可侵の原則**，そして③**契約自由の原則**です（①の代わりに過失責任の原則をあげる論者もいます）。

第一の権利能力平等の原則とは，取引や結婚等についてのルールが身分に応じて異なっていた封建制社会とはうって変わって，身分や職業にかかわらず，すべての人が等しく権利や義務の主体となる資格（権利能力）をもつというものです。

次に，所有権不可侵の原則とは，自分の意思のままに物を用いたり，売ったり，捨てたりすることのできる権利（これを所有権といいます）を，何人も侵害してはならないという原則です。もちろん国家も所有権を侵してはなりません。この原則は，フランス人権宣言（1789年）17条の「所有権は不可侵かつ神聖なる権利」という表現に典型的に表れています。

この原則の思想的な源流は，イギリスの思想家ジョン・ロックの議論に求めることができます。彼の考えをごく簡単に説明してみましょう。

ロックはまず，大地とそれが自然に生み出す果実や動物は，はじめは人類の共有物だったと想定します（複数の者が共同で所有権を分有することを共有といいます）。次に，人は誰でも自分自身の身体の所有者であり，本人の「身体の労働とその手の働き」もまたその人

自身に固有のものだと論じます。そして，共有物である大地等に，その人の労働を加えることによって生み出された生産物は，共有状態から離れてその人の所有物となると彼は考えるのです。つまり，自然のなかにあるドングリを拾い，野ウサギを狩り，土地を自ら耕すことによって，それらを自分のものとして囲い込むことができるようになる。ひとたび所有物となれば所有権が発生し，それに他人が介入することは許されない，というわけです。

最後に，契約自由の原則とは，個々人の契約関係は当事者の自由な意思によってのみ決定されるとする原則です。具体的には，どのような内容の契約を誰と結ぶか（あるいは結ばないか）を他人から強制されることなく自由に決定できることです。国家もそれに口出しすることはできません。この原則は「私的自治の原則」という表現で置き換えられることもあります。

身分の別なく各人が自分のものをもち，自由な意思によって権利義務関係を変えていけるようになった身分社会からのこの大転換は，「身分から契約へ」の一言で表されたりします。

三原則と私有財産制

三原則はいずれも，私人間の関係を規律する私法の原則ではありますが，根底においては，国民の自由な経済活動を国家が妨害するべきではないとの発想に根ざしているといえるでしょう。

また，このように物に対する支配の権利が絶対的に保障され，それを当事者の意思によって交換・売買できることも保障され，そのいずれにも国家は介入できないようにすることで，資本主義経済体制の基盤である**私有財産制**が確立していきます。憲法29条１項は「財産権は，これを侵してはならない」と定めて，所有権不可侵の原則の理念を引き継いでいます。同時に，この条文によって憲法は私有財産制（つまりは資本主義体制）を採用していると理解されているのです。裏

返していえば，憲法を改正することなく共産主義体制に移行することはできないと考えられています。

2　財産権

財産権の「内容」？

憲法29条の学習を進める前に，財産権の概念をおさえておきましょう。財産権とは，すでに説明した所有権のほか，債権，知的財産権，漁業権など，財産的価値を持つ権利すべてが含まれると考えられています。

ところで，29条2項には「財産権の内容は，公共の福祉に適合するやうに，法律でこれを定める」と記されています。財産権の内容を法律で定めるとはどういう意味でしょうか？　皆さんは，自分の教科書やノート，ペンに対して，それぞれ所有権という権利を持っています。自分のノートに板書を写すことも，破り捨てることも，誰かにあげることも，皆さんの思う通りにできます。これが所有権という財産権の内容です。こうした当たり前のことをいちいち法律で定める必要はないと思うかもしれません。しかし，必ずしもそうともいえないのです。そのことを，著作権を例にとって説明してみます。

著作権の「内容」

著作権とは，アイディアや感情をオリジナリティをもって表現したもの（小説，マンガ，歌など）に付随する財産的な利益を保護する権利です。これは，著作者の知的活動の成果から生まれる金銭的価値を保護すべきだと法律が決めたために登場した権利です。このとき，「著作権という名前の権利があります」と，その存在を法律で宣言するだけでは，どういう行為が著作権の侵害になるのかは明確になりません。何が，どこまで著作権によって保護されるのかを明らかにしておかなければならないのです。例をあげてもう少し詳しくみてみましょう。

たとえば，著作者の利益を守る必要性は当然ありますが，一方で，創作活動というものは先人の成果に依拠したうえで行われることが多いために，著作者の利益だけを未来永劫に保護していたのでは新たな創作活動ができなくなって，文化は発展しにくくなります。そこで，著作者の保護と文化の発展というふたつの目標を達成するため，著作権には期間の限定が付されます。これを「著作権の保護期間」と呼んでいます。○○年間はあなたの利益を守ってあげますが，その期間を超えたら，誰がそれを使ってもいいことにして文化の発展のほうを優先させましょう，という調整の仕方です。この保護期間は必ずしも世界共通ではありません。欧米を中心に著作者の死後70年としている国も多い一方，50年としている国もあります（日本では長らく50年とされてきましたが，2018年にTPPの発効に合わせて70年に延長されました〔著作権法51条2項〕。ちなみに映画の著作権については2004年から公表後70年とされていました）。著作権の保護期間は財産権の「内容」といえるものです。しかし，適切な期間が何年であるかについては一義的に明らかではなく，誰かが決断するしかないのです。

このように，財産権として何がどこまで保障されるのかは，常に明確に線引きできるわけではありません。そこで憲法は，29条2項により，これをハッキリさせる役割を国会に委ねているのだと理解できます。

森林法事件

とはいえ，国会は財産権の内容をどのようにでも決められるわけではありません。最高裁は，ある法律による財産権への制限を憲法違反だと判断したことがあります。

民法によると，あるものを共有しているとき，各共有者はいつでも共有物の分割を請求できることになっています（民法256条1項）。分割請求権が広く認められているのです。ところがある時期まで，共有物が森林の場合には事情が違っていました。森林法によって，森林については共有の持分が過半数を超えていなければ分割請求できないと定められていたのです。この森林法の規定は，共有についての民法の原則を大きく修正して，分割請求権という財産権に制限を加えるものでした。

あるとき，森林を２分の１ずつの持分で共有していた兄弟が仲違いして，弟が兄に森林を分割するよう求めました。ところが兄は応じなかったので，争いは裁判所に持ち込まれました。この事件（**森林法事件**）で最高裁は，森林法の規定は憲法上許されない財産権の制約だと述べました（最高裁昭和62年４月22日大法廷判決）。

最高裁は，森林法が分割請求を制限する目的は理解できるといいます。その目的とは，森林の細分化を防止して森林経営を安定させ，ひいては，森林を良い状態で保ち続け，林業を含む国民経済を発展させることです。しかしながら，この立法目的との関係では分割制限は合理的な規制とも必要な規制ともいえないとして制限を違憲と判断したのです。その理由は，分割請求を認めないことにしても共有者同士が協力するとは限らず，森林が適切に管理されて，その経営が安定するかどうかまでは分からない点，また，森林の分割を防ぐといいつつ，合意による共有森林の分割も過半数を持つ共有者からの分割請求も禁じられていない点，そして，安定的に経営していくために必要とされる森林の規模や伐採期を問うことなく一律に分割請求を認めていない点などに求められています。

ただし，その後の最高裁は，財産権についての国会の判断を基本的に尊重する姿勢を示しています（**証券取引法事件**〔平成14年２月13日大法廷判決〕）。

3　社会国家化と経済的自由権

社会国家の登場

ところで，近代私法の三原則をもとに欧州資本主義諸国の経済は発展した一方で，弊害も指摘されるようになりました（⇒**第３章 *1***）。たとえば，契約自由の原則によれば，弱者が強者の呈示する条件をのまざるをえず仕方なく契約を結んでも，法的には「双方の自由な合意によって契約が結ばれた」ということになります。これによって，強者はますます強く弱者はますます弱くなり，貧富の格差は拡大してゆくばかりではないか，この状態を放置すれば社会環境が悪化する，と主張されたのです。

そもそも近代私法の三原則は**自由国家**と称される国家観と親和的でした。それは，個人の自由のためには国家はできるだけ出しゃばらない方がよく，国家の役割を警察や国防などの最小限にとどめることが望ましい，というものです（消極国家，夜警国家とも称されます⇒**【コラム】7**）。ところが，自由な経済活動の結果として生じた弊害に対応するため，国民の経済活動に国家が一定程度口出しや手出しをするべきだと論じる思想が台頭してきます。国家は労働者を保護し，福祉政策を充実させ，さらに教育や保健衛生にも積極的に関与するべきだとも主張されるようになりました。このように，いわゆる社会問題に積極的に介入していく国家のことを**社会国家**と呼ぶことにしましょう（積極国家，福祉国家とも称されます）。20世紀になると社会国家の考え方を憲法に取り入れる国も現れるようになり，第２次世界大戦後にはさらに，社会権を憲法上の人権のリストに明確に盛り込む国が出てきました。日本国憲法はその典型です。

「自由国家から社会国家へ」という国家の役割観の移り変わりに伴って，近代私法の三原則もまた修正されるようになりました。たとえば，現在，当事者間に合意がありさえすればどんな契約でも常に有効に成立するわけではありません。弱い立場の人が強い立場の人とできるだけ対等に，まっとうな内容の契約を結べるようにするルールが設けられています。労働関係の法制度がその例です。憲法27条２項をうけて，労働時間や最低賃金などの労働に関する最低条件が法律とし

【コラム】７――「夜警国家」の謎

なぜ自由国家，消極国家のことを夜警国家と呼ぶのでしょうか？　それは自由国家が担う仕事の性質に関係しています。というのも，自由国家の出番は必要最小限に止められるべきであり，その任務は治安を維持し（警察），外敵を抑止する（国防）ことだけだと考えられたのです。

はじめて「夜警国家」の語を用いたのは，19世紀ドイツの社会主義者ラッサールだといわれています。彼がある著作の中で“彼らは，国家を強盗から自由と財産とを守る夜警としてしかイメージできない”と自由主義者を批判したことに由来するのだそうです。

このように，夜警国家という言い回しは，そもそも誕生の時から，克服すべき対象としてネガティブなイメージをまとわされていました。

て定められており，この定めを下回る当事者間の合意を許していません。また，弱い立場の労働者が使用者と対等な立場で労働条件を議論できるように，労働組合という団体を作って交渉することが認められています。要求を実現するためにストライキ等を行って集団的に圧力をかけることも一定範囲で許されます。皆さんご存じの**労働基本権**の保障（憲法28条）です。

社会経済政策と経済的自由権

社会国家化は所有権不可侵の原則にも変容を及ぼしました。所有権は常に不可侵というわけではなく，国家によって様々に制限を受けるという考え方が支配的になってきました。社会国家的な性格が色濃いワイマール憲法は，その153条で「所有権は義務を伴う。その行使は，同時に公共の福祉に役立つべきである」と定め，所有権が社会公共のために制限されうることを明示していました（後半は日本国憲法29条２項と似ていますね）。さらに，健全な国民経済の発展や弱者の救済を実現しようとする社会国家の理念は，職業遂行・営業活動への制約をも要求することになります。顧客誘引を目的にした不当な表示や過大な景品類の提供等を禁じる景品表示法や，訪問販売の方法を規制し，クーリングオフ制度を定める特定商取引法などは，情報・交渉力において弱い立場にある消費者を保護し，競争・取引の公正さを確保することをねらって業者の経済活動に制限を加えています。ほかにも，下請事業者の保護を目的として優越的地位にある親事業者の行為を制限する下請法，不動産賃貸借における借主の保護を目的として貸主の財産権行使に制限をかける借地借家法，お金の貸し借りの契約（金銭消費貸借契約）にあたって借り手の保護を目的として上限金利を定めた利息制限法など，様々な法律が存在しています。

こうした目的を持つ規制は経済的自由権に対しては許されるという考え方については，実は既に少しずつ述べてきました。国民経済の健全な発展や国民生活の安定という目的のための職業選択の自由への制約が判例で認められていたこと（⇒**本章**第４節 ***1***），森林法事件で最高裁が森林経営の安定や国民経済の発展のための財産権の制限を正面から認めていたこと（⇒**本章**本節 ***2***）を思い出してください。このように社会経済政策の実施のための規制が許容されるのは，精神的自由権とは異なる経済的自由権の特徴の一つと考えられます。とはいえ，法の専門家でしかない裁判官たちにとって，「国の経済発展や国民生活の安定のために導入された法規制がどれほど適切・有効か」というのは，なかなか判断がつきかねる問題です。そこで，「ならば，裁判所は経済的自由権への規制の良し悪しについては判断を遠慮し，立法府の決断を基本的に尊重すべきだ」と主張されたりすることもあります（二重の基準論を参照⇒**第 3 章** ***3***）。しかし，この点をあまり強調し過ぎると，経済的自由権を憲法で保障している意味が失われてしまうことに注意が必要です。

第 6 節　幸福追求権

1「新しい人権」

プライヴァシーの権利がない!?

「いまの憲法を改正すべきだ」と主張する人たちは，その理由の一つとして，「憲法制定後に重要性が認識されるようになった『プライヴァシーの権利』を書き込まなければならない」としばしば語ります。たしかに，憲法第 3 章には，さまざまな「人権」が並んでいますが,「プライヴァシー」の文字は見当たりません。では，日本国憲法はプライヴァシーの権利を全く保障していないのでしょうか？

この問いに多くの憲法学者は「憲法はプライヴァシーの権利を保障している」と答えています。これに対して最高裁判所はこれまで「憲法がプライヴァシーの権利を保障している」とハッキリ言い切ったことこそありませんが，いわゆる

「プライヴァシーの権利」を，暗にあるいは別の名前の権利として承認してきています。では，プライヴァシーの権利は，何を根拠にして認められており，どんな内容を持つと考えられているのでしょうか？

明文規定のない人権の保障

まず理解しておいてほしいことは，憲法第３章に並べられている「人権」のカタログは，歴史のなかで重要な権利だと人々が認識するようになったものの例示だということです。最高裁判所や憲法学者は，キチンと名前の付された権利として明確な条文が憲法のなかになくても，時代を経て重要だと気づかれてくる新しい権利のために，憲法は保障の余地を残していると考えています。判例や学説は，その余地を「生命，自由及び幸福追求に対する国民の権利は，公共の福祉に反しない限り，立法その他の国政の上で，最大の尊重を必要とする。」と定めた憲法13条後段に見出しているのです。

この「生命，自由及び幸福追求に対する国民の権利」（以下，「**幸福追求権**」と呼びます）は，すべての憲法上の権利の母体（包括的基本権）であって，それより後に並ぶ個別の「人権」は，今の憲法をつくった時点において重要で必要だと考えられた幸福追求権を具体化したものだと考えられています。つまり，憲法13条は，明文で定められていないものであっても《幸福追求にあたって必要不可欠だ》とみられる自由や権利の貯蔵庫になっている，というわけです。このようにして，憲法典には載っていないけれども，憲法上保障される権利だと時代の流れのなかで認められるようになったものは「新しい人権」とも呼ばれています。

幸福追求権の範囲

では，どのような権利が幸福追求権の一部として新しい人権の仲間入りをするでしょうか？　そのための手がかりを「幸福追求」という文言に求めることにしましょう。《○○は幸福追求にあたって必要不可欠だ》といえるならば，○○は人権として保障される，と考えるわけです。ところが，ここで論争が始まります。次の主張を皆さんはどう考えますか？

(A)「たばこを吸うときに俺は本当に幸せだと感じる。たばこを吸う自由は憲法上の幸福追求権のひとつとして保障されるべきだ。」

(B)「長髪をなびかせてバイクを走らせるときに私は“生きてる”と実感できるの。ヘルメットなしでバイクに乗る自由は幸福追求権に含まれるはずよ。」

この主張に接したとき，わたしたちは次のような疑問を抱くでしょう。《○○は幸福追求にあたって必要不可欠だ》という範囲は，本人の思いをもとに決定されるべきだろうか，それとも，別の尺度によるべきだろうか？

最高裁判所や多くの憲法学者たちの考えは次のようです。

憲法第３章に並ぶさまざまな人権は“道徳的・人格的・理性的な人間がそれにふさわしく生きていく──「人格的生存」といわれます──うえで必要不可欠だ”と歴史的に認められてきたものだから，○○の中味も，これらと同じくらいの重みをもっていなければならない（⇒**第 3 章 *1***）。この考え方を「**人格的利益説**」と呼ぶことにしましょう。

この人格的利益説に対しては，「人格的生存」とはどのような生き方なのか漠然としているとか，その人の生き方にとって何が「必要不可欠」なことであるかはその人にしか分からないのだから多数者の見方で自由を狭めるべきではないといった反論がなされています。憲法は特段の限定を付けることなく個人の自由を広く保護しようとしているのだ，というわけです。この見解を「**一般的自由説**」と呼ぶことにします。一般的自由説からすると，(A)も(B)も幸福追求権の一部として憲法上の権利に仲間入りすることができるでしょう。が，一般的自由説に立つ人たちも，そうした自由が憲法上保護されるからといって，それらに対する制約のすべてが憲法違反になると考えているのではありません。みんなを納得させるような理由がある場合には制約も許されると考えているのです。

ですから，いずれの考え方に立っても，実際の規制が憲法違反かどうかという判断の結論にそれほど大きな違いは出てきません。それでも，人格的利益説と一般的自由説との間には，「人権」の重みをどのようにとらえるかについて見過ごすことのできない発想の違いが存在しています。さて，皆さんはどちらの説が説得的だと考えるでしょうか？

うえのどちらの考え方をとる人びとからも「新しい人権」として一般に認められているものとしては，たとえば**プライヴァシーの権利**，**自己決定権**があります（ただ，それぞれの権利の範囲をめぐっては議論があり，一致をみているわけではありません）。以下，詳しくみていきましょう。

2　プライヴァシーの権利

プライヴァシーの権利の誕生

プライヴァシーの権利は，比較的最近認められるようになった権利です。1890年にアメリカのふたりの法律家が，プライベートな内容を暴露するジャーナリズムのゴシップ記事に対抗しようとしてこの権利を提唱しました。これは，「ひとりで放っておいてもらう権利」という考え方を基礎におきながら，他人には知られたくない私的な生活，習慣，交際関係などに関する事柄を公表（不特定または多数の人に伝えること）された場合に，それによって深く感情が傷つけられたことを理由として，損害賠償を求めることができる権利だ，と主張したものでした。その後アメリカでは，マスメディアの法的責任を問う裁判でこの権利がしだいに認められるようになりました。

わが国でも1964年になって東京地方裁判所が，一般人であれば公開されたくないと考えることが予想される私生活上の事柄であって，まだ一般の人びとに知られていないことを公表されて不快な思いをしたならば，法的に救済を受けることができる，という判断を示しました（**「宴のあと」事件**〔東京地裁昭和39年９月28日判決〕）。これ以降，プライベートな事柄を公表されない権利としてのプライヴァシーの権利は，裁判所で広く認められるようになっています。その後，プライヴァシーを侵害するのはマスメディアをはじめとする民間組織に限られず，政府（主に行政機関）による侵害もありうると認識されるようになりました。これに対抗するために最も説得的な主張が，プライヴァシーの権利が憲法13条（幸福追求権）によって保障されている，というものでした。プライヴァシーの権利の考え方は，さらに，データベースを念頭においたものへと発展していきました。

自己情報コントロール権

それは，プライヴァシーの権利を武器にして，プライベートな事柄に関する情報を暴露されないというだけではなく，その人に関する情報の流通について本人がコントロールできるようにするべきだ，というものです。この考え方を**自己情報コントロール権**説と呼びます。当初のプライヴァシーの権利の発想は，他人には知られたくないプライベートな情報を広く公表されないようにしておこうというものでしたが，自己情報コントロール権説が守ろうとする「自己情報」の範囲はもっと広いものです。たとえば，氏名，生年月日，性別，住所といった，通常は「私生活上の事柄」とはいえないものも含まれます。また，「公表」よりは被害が少ないと考えられる「開示」（特定の人に情報を見せること）も，この権利を侵害する行為に含まれます。なぜ，このように広く保護されるべきなのでしょうか？

それには現在の高度に情報化した社会状況が関係しています。個人に関する情報は，氏名や性別のように単独ではそれほど重要な意味をもたないものであっても，いくつか組み合わせることで大きな価値を得るようになります。あなたの氏名，住所，性別，電話番号の情報に，家族構成，病歴，学歴，所属サークル，インターネットでの検索履歴等の情報をどこかから入手して組み合わせれば，あなたのプロファイル・データが自分の知らないところで出来上がってしまいます。しかも，インターネット上に一旦出回ってしまえば，それこそコントロールしようがなくなります。そこで，自分に関する情報を勝手に他人に公表・開示されないことのみならず，むやみに収集されないことも，そして，行政機関のデータベースに保管されている自分の情報について閲覧・訂正・抹消を求めることも権利として保障されるべきだといわれるようになったのです。

こうした考え方に対して最高裁判所はどのような姿勢をみせているでしょうか？　結論からいうと，自己情報コントロール権の一部のみを認めています。とある判決は，「憲法13条は，国民の私生活上の自由が公権力の行使に対しても保護されるべきことを想定しているものであり，個人の私生活上の自由の一つとして，何人も，個人に関する情報をみだりに第三者に開示又は公表されない自由を有する」と述べて，個人情報をみだりに開示・公表されない自由を憲法13条から導いています（**住基ネット訴訟**〔平成20年３月６日判決〕，**マイナンバー利用差止訴訟**〔令和5年3月9日判決〕）。また，情報の収集については，①みだりに個人の容ぼう・姿態を撮影されない自由（**京都府学連事件**〔昭和44年12月24日大法廷判決〕），②みだりに指紋の押なつを強制されない自由（平成７年12月15日判決）という具合に，限定された領域について，最高裁は憲法13条による保護を認めています。ただし，いずれも“みだりに”“正当な理由なく”等と限定がつけられている点には注意が必要で，これまで最高裁がこの権利自由の侵害を理由に違憲判断を下した例はありません。

3　自己決定権

自己決定権の範囲

幸福追求権が自己情報コントロール権を含むのであれば，保護の対象を「自己情報」に限定しなければならない理由はなく，幸福追求権には「自分だけに関係する行為について自分の意思で決定し実行する権利」も含まれるという主張が成立しそうです。この権利は「自己決定権」という名前のもとで議論されてきています。この権利のなかには，自らの病気の治療方針をどうするか，誰と性交渉をもつか，誰を家族として生きていくか，子どもを作るか作らないか，といった事柄を自分で決定する自由が含まれます。さらに，一般的自由説の見方に立って考えるならば，たばこを吸う，公園を毎日ジョギングする，間食する等々の「ライフスタイルを選択する自由」，あるいは，スキンヘッドにする，サングラスをかける，派手な服を着る，といった「頭髪・服装の自由」もまた憲法によって保護される自己決定権に含まれるといえそうです。

リプロダクティブ・ライツ　子どもを産む・産まない，いつ・何人子どもをもつか等，生殖に関する自己決定権を総称してリプロダクティブ・ライツといいます。1948年から96年まで施行された優生保護法は，遺伝性の（ものとされた）病気や障害を抱えている者に対しては本人や保護者の同意なく，遺伝性ではない精神障害・知的障害をもつ者に対しては保護者の同意のみで強制不妊手術を行うことを許していて，1万5000人を大きく超える人々が手術を強制されたといわれています。これにより自身の子どもをもつ選択肢が根本的に奪われてしまったのですから，強制不妊手術は極めて重大かつ深刻な人権問題です（⇒**【コラム】9**）。この法律の合憲性をめぐっては複数の裁判が進行中ですが，憲法13条や14条に違反するとの判断を多くの地裁・高裁が示しています。このほか，妊娠中絶の自由が憲法によって保護されるか否か，どこまで保護されるかは，特にアメリカで長らく大きな論争となってきていますが，日本ではあまり目立った論点とはなっていません（⇒**【コラム】8**）。

【コラム】8 ――堕胎罪の謎

刑法には堕胎行為を処罰する規定がありますが（212条），実際に起訴されることは滅多にありません。これはどうしたことでしょうか？　実は，例外的に刑事責任を免れる人工妊娠中絶のルートがあるのです。母体保護法14条が「妊娠の継続又は分娩が身体的又は経済的理由により母体の健康を著しく害するおそれのある」場合と「暴行若しくは脅迫によつて又は抵抗若しくは拒絶することができない間に姦淫されて妊娠した」場合に，本人と配偶者の同意のもとで医師が中絶することを許容しているのがそれです。ところが，前者の「経済的理由」という条件は緩やかに解釈されており，おおむね自由に中絶が行われているのが実態です（厚生労働省によれば2022年度の人工妊娠中絶件数は12万3000件弱にのぼっています）。妊娠中絶の自由の憲法上の位置づけについては，上記の枠組みのために議論が不十分なままになっていますが，近年は「配偶者の同意」要件の必要性についての議論の高まりとともに，目が向けられつつあります。

自己決定権の制約原理

通常，憲法上の権利への制約を許容する理由として，権利の行使によって他人の権利利益を侵害することは許されないといわれます。他者加害原理の考え方です（⇒**第３章** ***3***）。ところが，自己決定権の場合，この理由づけはあまり使えません。というのも，自分だけに関係する行為について意思決定し，実行したからといって，誰か他の人の権利利益を害さないことが多いためです。もちろん，自己決定といっても，一切他人と無関係なケースばかりではないので，ある決定が他人に影響を与えることもありえます。その場合には，影響の性質と程度を見極めなければなりません。他者への影響の度合いが些細な場合には，「加害」とは認められないこともあります。たとえば，「男の長髪はみっともない」という為政者の不快感だけを理由にした規制は許されません。

では，他人に迷惑をかけない行為に対しては一切の規制が許されないのでしょうか。ここでは，**パターナリズム**に基づく自己決定権の制約が認められるかが論点になりえます（⇒**第３章** ***3***）たとえば，「ポルノをみると道徳的に堕落した人間になるから」，「ファストフードを毎日毎食食べると太るから」との理由で，ポルノ視聴やファストフード通いを法律で禁止してもよいでしょうか？　道徳的に堕落することも，体重が増えることも，他者加害行為ではありません。それに，他人からみれば「愚かな行い」とみえる行為であっても，長期的な視点に立てば，本人にとって有意義な経験となることがあるかもしれません。こうした他者加害に至らない行為について，国家による倫理的な判断を国民に押し付けることは原則として許されないというべきでしょう。ただし，自己決定して行動した結果，本人が取り返しのつかない極めて重大な損害を被ることが予測されるケースには

【コラム】９――身体への侵襲を受けない自由

2023年，最高裁は「自己の意思に反して身体への侵襲を受けない自由」が人格的生存に関わる重要な権利として13条によって保障される，との初めての判断を示しました。その上で，トランスジェンダーの人が性別を変更するためには事実上，生殖腺除去手術を受けざるをえない仕組みとなっている性同一性障害特例法の規定について，現時点の社会状況・医学的知見に照らすと，この自由に対する必要かつ合理的な制約とはいえない，として違憲と断じました（最高裁令和５年10月25日大法廷決定）。旧優生保護法に基づく強制不妊手術もこの自由を侵害するものと考えることができそうです。

例外があるかもしれません。「ヘルメットをせずにバイクに乗ること」あるいは「遊泳禁止の波高い海でサーフィンすること」のように，事故が起きれば結果として本人が死んでしまう確率が高い場合には，例外的に国家による干渉を認めても構わないと考えられているようです（すでに**本章**本節 ***1*** で説明したように，こうした危険な行為を自己決定して行う自由は，そもそも人格的生存とは無関係なので憲法上保護されないと考える見解も有力です）。

「死 ぬ 権 利」？

さらに歩を進めて，「自らの意思で死を選択する」ことは憲法によって保護されるのか，それを止めることは許されるのか，考えてみましょう。今日一般に認められる「医療に関する自己決定（インフォームド・デシジョン）」の延長線上で，延命治療の拒否や生命維持装置の取り外しは理屈の上では保護されうるとしても，問題はその先です。現在の法制度を見回してみると，刑法に「自殺未遂罪」はありませんが，「自分を殺してくれ」と頼まれてその人を殺害したり，他人の自殺を助けたりした場合には，同意殺人罪・自殺関与罪に問われます（刑法202条）。この規定が尊厳死・安楽死との関わりにおいて問題となることがあります。病苦が著しく，死期の迫った患者が「もう楽になりたい」と医師に訴え，これに応えて致死的な薬物を処方したり投与したりすると，その医師は処罰の対象となりそうだからです。この事態を，死の自己決定を刑法が邪魔しているととらえるべきでしょうか？

非常に難しく，悩ましい論点です。耐え難い肉体的苦痛，死期の切迫，苦痛緩和の代替手段の不在，患者の明示的意思表示といった一定の厳しい条件をクリアした場合には例外的に無罪とするという判断基準が，とある判決で示されたことがあります（**東海大学病院事件**〔横浜地裁平成７年３月28日判決〕）。しかし，裁判所がこの難問になお苦悩していることは，「終末期における患者の自己決定の尊重は，自殺や死ぬ権利を認めるというものではなく，あくまでも人間の尊厳，幸福追求権の発露として，各人が人間存在としての自己の生き方，生き様を自分で決め，それを実行していくことを貫徹し，全うする結果，最後の生き方，すなわち死の迎え方を自分で決めることができるということのいわば反射的なものとして位置付けられるべき」と述べた，とある判決からも窺い知れます（**川崎協同病院事件**〔横浜地裁平成17年３月25日判決〕）。

【まとめ】

・憲法20条は，一人ひとりの信教の自由を保障すると同時にその保障をより確かなものにするために，国と宗教団体が過度に結びつかないよう求めている。
・思想・良心の自由は，心の中のことを外部的行動でテストされないことを保障している。
・表現の自由は，最も重要な憲法上の権利であるといわれている。したがって，事前規制は原則として禁止され，事後規制する場合にも，つよい合理性が求められている。
・当初，私生活上の事柄を守る権利とされた「プライヴァシーの権利」について，今日では，「自己情報コントロール権」として理解する見解が有力になっている。
・人が自分らしく自由に生きていくためには，「自己決定権」の保障が重要である。
・社会経済政策実施のために行う経済的自由権への制限の合憲性審査において，最高裁は政治部門の判断に比較的寛容な姿勢を見せてきている。

【参考文献】　信教の自由については，イスラムのスカーフと政教分離の議論についてまとめた，内藤正典＝阪口正二郎編『神の法 vs. 人の法』（日本評論社，2007年）が興味をひきます。また，思想・良心の自由の問題に興味があるひとは，西原博史『良心の自由と子どもたち』（岩波新書，2006年）の一読をお勧めします。

表現の自由については，松井茂記『マス・メディア法入門〔第5版〕』（日本評論社，2013年）が必要な情報をコンパクトにまとめています。また，今日的問題であるヘイトスピーチについては，師岡康子『ヘイト・スピーチとは何か』（岩波新書，2013年）がそれを差別を煽動するものであると評しています。

プライヴァシーの権利をめぐっては仲正昌樹『「プライヴァシー」の哲学』（ソフトバンク新書，2007年）が，「自己決定権」を考えるにあたっては高橋昌一郎『哲学ディベート――〈倫理〉を〈論理〉する』（NHK ブックス，2007年）がおすすめです。どちらも法学者の書いたものではありませんが，考えを深める参考になります。

社会国家の，とりわけ福祉国家の側面については，ディヴィッド・ガーランド著（小田透訳）『福祉国家』（白水社，2021年）が理解を助けてくれるでしょう。

第6章

国民の代表機関Iとしての国会

1 「代表」って？

「代表」とは，英語で“representation”“representative”といいますが，この動詞のrepresentとは，もともとわたしたちの前で「再現してみせる」という意味を持っています。血統や伝統を根拠に国王が代表とされていた頃は，国王は儀式などを介して国家や国民の一体性を再現してみせました。選挙によって代表者（議員）が選ばれ，国王に対抗するようになると，議員は国民の意思を再現する人であり，議員が集まる議会は，国民の意思を再現する機関となりました。

憲法でいう「代表」とはこのように，ある政治体制の中で国民の意思を再現してみせることをいうのです。

代表の概念は，歴史の流れを反映して時代とともに変わってきました。

2 議会の歴史

議会のはじまり

議会を中心に政治を行う議会政治が発達したのは，市民革命（英国での1688年の名誉革命が代表的）後の近代ですが，議会そのものは中世にも存在していました。いわゆる身分制議会（等族会議）です。この議会では，聖職者・貴族・庶民などの各身分の代表者が国王に対してそれぞれの身分的利益を代表し，国王の新たな課税を承認するかどうかを決めていました（課税同意権）。その際，各身分の代表者たちは，選出母体から指示されたとおり発言し票決しなければなりませんでした。その報酬も選挙母体から支払われていました。もし，指示に違反した場合には，その行為が無効とされただけではなく，代表者の地位を罷免されました。こうした代表のことを「**命令的委任代表**」といいます。

イギリスでは，この身分制議会が貴族院（上院）と庶民院（下院）に別れ，貴族院は上級貴族と聖職者の代表者で，庶民院は下級貴族と庶民の代表者で構成されるようになりました。フランスでは，聖職者，貴族，庶民によってそれぞれ別個に構成される三部会として存続するようになりました。

近代議会のうまれとあゆみ

近代市民革命によって主権が国王から国民へと移ると，身分制議会も変容しました。議会は，身分ではなく，民意を代表すべきだ，と考えられるようになったのです。国民代表としての議会の誕生です。これを身分制議会と区別するために「近代議会」と呼ぶことにしましょう。イギリスでは，身分制議会のなごりをとどめる貴族院が残りましたが，庶民院の権限が拡大強化されるかたちで近代議会へと移行しました。フランスでは，庶民によって構成されていた会議に聖職者と貴族が合流するかたちで一院からなる国民議会へと移っていきました。この際に，議会はこれまでの課税に対する同意権に加えて，立法権や予算決定権という政治の中心部分を国王から奪い取りました。

議会が国王に代わって政治の中心となるためには，代表者は選出母体や選挙区の個別の利益を代表するのではなく，《国民全体の利益を代表する存在である》とみずからを位置づけることが必要でした。これが「**国民代表**」といわれるものです。そのためには，選出母体や選挙区から選出されても，その指示や命令を受けずに自由に発言し票決できなければなりませんし，かりに指示や命令に反した行動をとっても責任を問われないようにしなければなりませんでした（いわゆる免責特権)。こうした代表のあり方を「**純粋代表**」といいます。

しかし，純粋代表にも弱点がありました。制限選挙制の中で選出された資産家出身の代表者が多くの労働者を含む「全国民の代表だ」というのは，実態が伴っていなかったからです。これは言い換えると，国民代表の観念と純粋代表制とが現実の中でうまくかみ合っていないということでした。

フランスではこうした状況に対応するために，（男子）普通選挙制が実現する中で（1875年)，新たな代表観が登場しました。それは，《選挙民の意思と代表者の意思との間に事実上の同質性が確保されなければならない》というものでした。こうした代表制を「**半代表制**」といいます。議会の解散制度の導入や短期の議員任期制の採用などによって，代表者は選挙民の意向を無視できなくなってきた，というわけです。

日本国憲法の採用する代表制の理解についても，それが純粋代表制なのか，半代表制なのか議論されるところです。

近代議会の変容と政党の登場

国民代表機関としての近代議会は，市民革命によって誕生したのでしたが，その後，（男子）普通選挙制度が導入されると大きな変容を受けることになりました。これまでは選挙人も代表者も

【コラム】10――政治資金規正法と政党助成法

日本国憲法には，政党そのものに言及する条文はありません。憲法研究者は，政党は21条にいう結社の一つとして，その自由を保障されている，と理解しています。法律のレベルでみると，政党法そのものではありませんが，「政治資金規正法」や「政党助成法」があります。ということは，日本は「政党法制化」の時代にあるといえます。政治資金規正法は，政治資金の流れを規正（「規制」とは違うところがミソです！）するために政治資金の収支報告書の提出を義務づけ，その違反には罰則を科していますが，抜け道が多く「ザル法」と称されています。政党助成法は，企業献金を受けずにすむようにと国民の税金から政党に交付金を支出するために作られたものです。直近の国勢調査により確定された人口に250円を乗じた額（2022年度の総額は，約315億円）が，所属する国会議員数と国政選挙での得票数をもとに，交付を申請した各政党に配布されました。これを多いと思うか，少ないと思うかは皆さんの判断しだいです！

「財産と教養」を持つ同質の人びとであったにの対して，普通選挙制度の実施後は，利益と社会的背景の多様な人びとが選挙人となったため，こうした人びとの代表者で構成される議会にも多様な利害が持ち込まれ，議会はこうした利害の対立を調整する場へと変化することになったのです。

こうした中で登場したのが政党でした。

近代議会が誕生した当時は，政党とは徒党にすぎないとか，民意を分断しがちだと，政党は法制度上敵視されていました。その後，結社の自由をよりどころに政党が結成されるようになりましたが，法制度上は無視されたままでした。しかし，政治過程の中で政党の役割が大きくなってくると，政党を単位とする選挙制が法律に取り入れられてきました。そして今日のように，政党が内閣にまで進出してくると，憲法自身の中に正式の機関として組み込むべきではないか，とまで論じられてきます。

政党が選挙民の意向をうまく吸いあげ，国の政治をかじ取りしていくようになると，《国民は政党を通して代表者を有効にコントロールしている》とみられてきます。その反面，政党は，票を獲得するために，組織票を持つ特定の集団の利益を図ったり，国民に人気のない政策を掲げることを避け，利益誘導型の政治を行いがちにもなります。くわえて，議会での討論と説得よりも，政党内部での政策決定が重視されてくると，議会はしだいに形骸化していくことなります。

それでも，選挙による平和なかたちで政権交代が行われるには，受け皿となる政党が必要ですし，国民の前に政治的な争点を明確にしたり，新たな人材をリクルートして政治的なリーダーを育て上げたりするのも政党の役割で，政党は現代政治の中で不可欠なものとなっています。

3　国会の地位と権限

代表機関としての国会

うえの**2**でみたように，議会は自分こそ国民の代表機関であると主張することで，国王が持っていた立法権の実質を奪い取りました。日本国憲法も前文１項で，日本国民は選挙で選んだ国会における「代表者を通じて行動」すると述べています。これはいわゆる間接民主制（代議制）を採用することを明らかにしたものです（⇒**第２章*4***）。間接民主制の対極をなすものとして取りあげられる直接民主制は，国民（人民）の支配という観点からすれば最も民主的でしょうが，それが最良の支配形態であるとは限りませんし，実際にも限られた領域でしか機能しないでしょう。日常生活に追われる国民には，四六時中政治に関心を持ち，意思を表明し続ける時間もありません。そこで，選挙を介してわたしたちの代表者が国会に送り込まれるのです（⇒**序章*4***）。

審議機関としての国会

政治的な争点を明らかにし，さまざまな観点から検討を加え，決定することは議会の重要な役割です。そのためにも議事や討論は広く国民に公開される必要がでてきます。詳しくは，***4***「**本会議と委員会**」のところでふれます。

立法機関としての国会

日本国憲法41条は，国会を「国の唯一の立法機関である」と規定しています。これは，権力分立制を採用している日本国憲法が，行政権を内閣に（65条），司法権を裁判所に（76条）配分する規定とあいまって，立法権を国会に与える規定です。

地方公共団体の議会が地方レベルの立法である「条例」を定める権限を持つこと（94条）から，国会が「国」レベルでの立法機関であることが理解できます。

では，ここでいう「立法」とは何を意味するものなのでしょうか？　「立法」とは一般的には「法を定立する」ことを意味します。「法」には内閣の定める命令

(政令) や最高裁判所の定める規則, 衆議院や参議院の定める規則なども含まれますが, 国会が定めるのは, 「法律」という名称を持つ「法」なのです。

次に問題となってくるのは, 国会が「法律」で定めなければならない領域, 言い換えると法律の守備範囲です。この点, 《国民の権利や自由など重要な事柄》に関しては, 行政機関が定める政省令などでは規律することはできず, 法律で定めなければならないとされています。こうした考えを「**法律の留保**」といいます (⇒**第 2 章 *2***)。

ただし, 法律ですべてのことがらを細かく決めることは不可能ですし, 現実的でもありません。そこで, 法律では基本的な事柄を定め, 細かい項目については行政機関の定めるところ (政省令と呼ばれる法) に委ねることがあります。これを「**立法の委任** (委任立法)」といいます。多様で細かく変わりやすい国民のニーズに対応するためには, こうした立法の委任も必要となってきますが, 立法権を全面的に他の機関に譲り渡したり, これと同じような包括的な委任 (「白紙委任」といいます) は, 国会を立法機関とした意義を失わせますので許されません。戦前の「国家総動員法」がその代表例です。

最高機関としての国会

また憲法41条は, 国会は「国権の最高機関である」とも規定しています。国会, 内閣, 裁判所が互いに独立する権力分立制を採用しながら, ここで国会を「最高機関」としているのはどういう意味なのでしょうか?

これに関しては, 国会が他の機関を従属させるというような法的な意味あいを持つものではなくて, 主権を有する国民から直接選挙された代表者で構成されるからだ, と政治的に誉めたたえる表現にすぎないとされています (こうした考え方を「政治的美称説」といいます)。ただし, いずれの機関に属するか明確でないような事柄は, この条文を根拠に国会の権限と考えてもよいでしょう。

政府監督機関としての国会　国会は政府の活動を監督する機関として，次のような権限を行使します。

①　**行政統制権**　まず，行政をコントロールする権限です。「**行政の法律適合性原則**」によって，行政機関の活動を法律の手もとに置きます（⇒**第2章2**）。それ以外にも国会は，内閣の首長であり行政各部を指揮監督する内閣総理大臣の指名権を持ちます（67条1項）。また，内閣は行政権の行使について，国会に対して連帯責任を負います（66条3項）から，国会は，内閣総理大臣と内閣を通して行政機関をコントロールすることになります。

②　**財政統制（決定）権**　次に，予算の承認をはじめとする財政統制権です。国の活動はすべて財源（公金）が必要となりますから，財源をどこに求め，どれだけをどこから徴収しどう使うかを決定する権限を持つことは，国の政治を決定することにも通じるものです。憲法は，「国の財政を処理する権限は，国会の議決に基づいて，これを行使しなければならない」と定め（83条），公金の収支や管理を国会に委ねています。ただし，予算を編成し提案する権限は内閣にあります（73条5号）。

財政統制権の中でとりわけ重要なものに，国会による予算の承認があります。予算とは，国の収入と支出（これをとくに，歳入と歳出と呼んでいます）の区切りをする期間（通常，1年を単位とし，4月1日から翌年3月31日まで）における予測的算定のことをいいます。憲法も，内閣が作成した予算は，毎年，「国会に提出して，その審議を受け議決を経なければならない」と定め（86条），定期的なコントロールを加えることにしています。

なお，国会の財政統制権にも，国の他の機関と同じように，宗教団体や公の支

【用語解説】――行政の法律適合性原則

法治主義を採用する国家における行政法の基本原理。行政は，法律に基づき，法律に従って行われなければならないことを意味しています。この原理は，法律より下位の規範は法律を超える効力を持たないとの「法律の優位」と，行政が活動するには法律の根拠がなければならないとの「法律の留保」とを内容としています。同じ「法律の留保」という表現が用いられても，憲法では，「法律」によらなければ憲法で保障された権利を制限できないとの文脈で用いられる場合が多いようです。こうした違いは，憲法における人権保障の主体は国民で，行政法における行政活動の主体は行政機関であることからくるものといえるでしょう。

配に属しない慈善・教育・博愛の事業に公金を支出してはならないとの制約があります（89条）。

③ **外交統制権** 最後に，条約の承認を中心とする外交統制権です。歴史的にみると，宣戦，講和，条約の締結などの外交関係を処理する権限は，国王にありました。明治憲法も，宣戦などの権限を天皇に与え，議会には関与させませんでした（明治憲法13条）。しかしそれでは，条約によって議会の立法権が侵害されるおそれも出てきます。議会はしだいに国王のこうした権限の行使に対しても関与を強めていきました。

日本国憲法は，外交関係を処理する権限（73条２号），そして条約を締結する権限（同３号）を内閣に与えています。前者の外交に関しては，本会議での各会派による代表質問や両院の外交委員会での質問などを通して国会がコントロールします。後者の条約締結に関して憲法は，とくに「事前または事後」の「国会の承認」を必要としています。

条約の承認は，衆議院と参議院で意見が一致しないときなどは，予算と同じように，衆議院の議決が国会の議決とされます（61条・表１参照）。

4 国会の構成と活動

衆議院と参議院

憲法42条は，「国会は，衆議院及び参議院の両議院でこれを構成する」と定めています。これは，わが国の議会が一院制ではなく，二院制となることを表しています（⇒**序章*3***）。しかも，43条は「両議院は，全国民を代表する選挙された議員でこれを組織する」と規定していますから，両院とも民主的に選ばれた組織であるということになります。

両院は，それぞれ独立した機関として審議し議決します。したがって，国会の意思は，通常，両院の合意が得られた場合に成立することになるわけです。

表1　衆議院の優越（憲法上のもの）

①	法律案の議決（59条2項）
②	予算の先議（60条1項）
③	予算の議決（60条2項）
④	条約の承認（61条）
⑤	内閣総理大臣の指名（67条2項）
⑥	内閣不信任案の決議（69条）

しかし二つの院を完全に対等にすると，両院の意見が一致しない場合には，国会としての意思を決めることができません。そこで，憲法は，両院の代表者によって構成される協議会（これを両院協議会といいます）を開いても意見が一致しないときには，衆議院の決定が参議院の決定より優位するものとしました。これを「**衆議院の優越**」といいます（**表1**参照）。

参議院が政党の影響を強く受けるようになったことから，衆議院の「カーボンコピー」とからかわれる時代もありました。しかし，現実の政治の中では，参議院選挙の結果が内閣の命運を決したり，参議院での拘束力のない不信任案の議決により大臣が辞任を余儀なくされたりと，衆議院と同じような強い政治的影響力を発揮してきたことも事実です。ただし，二院制を機能させるためにも，参議院の役割の見直しは必要でしょう。

国会はどのように活動するのか？——会期制

国会は1年中開かれて活動しているわけではなく，期間が限られています。国会が活動できる期間のことを「**会期**」といいます。会期には，常会（通常国会）（52条），臨時会（53条），特別会（54条1項）の3種類があります。これらの会は，国会が自分の判断で開会できるのではなく，内閣が実質的に決定し，天皇が国事行為の一つとし

て召集します（7条2号）。

会期制に関しては，次の二つの原則があります。

一つは，それぞれの会期は独立しており，議員が変わらなくても会期が違えば議院の意思も他の会期には継続しないというものです。これを「**会期不継続の原則**」といいます。

他の一つは，一度決定された事項は，同じ会期で再度審議・議決することはできないというものです。これを「**一事不再議の原則**」といいます。

本会議と委員会

国会議員が活動する場が，本会議と委員会です。日本国憲法がその手続を定めているのは，本会議についてだけです（56条）。しかし，本会議は，議員の数が多すぎて，さまざまな分野について具体的な審議をするには，能率的・効率的ではありません。そこで，本会議で審議・議決する前に，専門的で具体的な審議を行う場として各院に委員会が設けられています。案件は，通常，委員会への付託 → 委員会による審査・報告 → 本会議における審議・議決，というコースをとります。現在の審議手続では委員会を抜きには考えることができません（**委員会中心主義**）。

委員会には，常任委員会と特別委員会の2種類あります。審議すべき案件がなくても常置されるのが常任委員会で，とくに必要な場合などに設けられるのが特別委員会です。常任委員会は，各省庁に対応する形で，現在のところ両院ともに17あります。

【コラム】11――一院制と二院制，どっちがおすすめ？

デモクラシーを標榜する国には議会が置かれるのが普通です。G7（先進7か国）はすべて二院制を採用していますが，世界各国の議会をみてみると一院制を採用している国の方が多いのです（一院制採用国112か国，二院制採用国78か国）（2023年7月時点）。一院制を採用する理由としては，状況の変化に対応して速やかに立法できること，人件費や選挙実施の費用が削減できることなどがあげられています。二院制にも様々な形態があり，たとえば第二院の選出母体に注目すれば，アメリカなどの州代表型，イギリスや戦前の日本のような特権階級代表型，戦後の日本のような民選による国民代表型などの類型に区分することができます。A・レイプハルトというアメリカの政治学者は，二院制がすすめられる前提として，①人口が多い，②連邦制である，③多民族国家である，のうち二つ以上があてはまることが必要であるとしています。彼の基準からすれば，日本は一院制か二院制のどちらがふさわしいことになるでしょうか？

議事の公開とアカウンタビリティ

両議院の本会議での議事は，出席議院の3分の2以上の多数で非公開の決定をした場合を除いて，公開しなければなりませんし（57条1項），会議録も公表しなければなりません（同2項）。自分の言動をきちんと他者に説明する責任を**アカウンタビリティ**（**説明責任**）といいますが，ここで求められているのはまさにアカウンタビリティなのです。議事が公開されることによって，わたしたちは議会で何が問題とされているかを知り，選挙に際してどの候補者や政党に投票するかを決めることができるのです。議会もまた世論が議事にフィードバックされることを期待できるからこそ，決定の正しさが確保されているのだと主張することができるわけです。ただし，57条によって公開しなければならないのは本会議の議事だけで，委員会は実質的に立ち入った審議をするためにと，非公開を原則としています（国会法52条）。しかし，委員会中心主義で議事が進行している現状からすれば，国民にアカウンタビリティを尽くしたといえるためには，本会議のみならず委員会での議事も公開を原則とするのが，憲法の要請するところといえるではないでしょうか？

5　議院の構成と権限

議員はどのように選ばれるのか

モンテスキューは，二院制も権力分立の一要素と位置づけていましたね（⇒**序章*3***）。二院制が「抑制と均衡」という本来の機能を果たすためには，それぞれの院が異なった原理に基づいて組織されることが重要です。そのためには，議員の選出にあたって，①一院を直接選挙で選び，他の一院を間接選挙で選んだり，任命制とするように選出方法を変える，②一院を全国民代表とし，他の一院を州・地域の代表とするように代表される利益や選挙区・選出母体を変える，③被選挙資格，任期などに変化をもたせる，などの方策が考えられます。

日本国憲法は，両議院の議員が，「全国民を代表する」「選挙された議員」でなければならないこと（43条），選挙人の資格について「人種，信条，性別，社会的身分，門地，教育，財産，又は収入によって差別してはならない」こと（44条），任期は衆議院議員４年（ただし解散あり）（45条），参議院議員６年（46条）と定めていることを除いて，選挙区・投票方法その他議員の選挙に関する事項は法律で定めるものとしています（43条，47条）。この規定を受けて，公職選挙法がこれらの事柄について具体的に定めています。同法の改正によって，1994年には衆議院議員選挙は，これまでの「中選挙区制」から「小選挙区比例代表並立制」に変わり，同じく2000年には参議院議員選挙は，都道府県ごとの「選挙区制（小選挙区と大選挙区）」と全国的な「比例代表制」とを組み合わせた制度へと転換しました。

このように，議員の任期や選出方法を変えることで，両院の構成に差異をつけようとしていますが（**表２**参照），いずれの選挙の場合も，政党名での投票を導入したことから，政党本位の選挙制度の様相が強まっています。

なお，選挙区割りについては，憲法14条１項の保障する投票価値の平等，すなわち一票の格差の問題もありますが，これについては**第４章第*1*幕*3***を参照してください。

議院の権限は？

衆議院と参議院はそれぞれ，「国会の権限」とは区別された独自の権限を行使することができます。ここではとくに，中心となる議院自律権と国政調査権を取りあげましょう。

① **議院自律権**　各議院がそれぞれ独立して活動するためには，各院がその人事，議事のやり方などを自主的に決められなければなりません。これらの自主的な議院の決定権のことを「議院自律権」といいます。憲法58条が，議長その他の

【コラム】12――「選挙に落ちればタダの人」？

日本では，明治22年（1889年）に明治憲法によって衆議院が創設され，定数300名の小選挙区制が導入されて以来，選挙制度や選挙区制はたびたび改正されてきました。「猿は木から落ちても猿だが，国会議員は選挙に落ちればタダの人」（故大野伴睦自民党副総裁）といわれるように，議員定数や選挙制度や選挙区割りは政党の消長や議員の政治家としての生命に重大な影響をおよぼします。党利党略，派利派略，私利私略が渦まくのも当たり前でしょう。衆議院の小選挙区に関しては，国会議員ではない委員から構成される選挙区画定審議会（区割り審）が内閣府に設置され，必要と認める場合には改定案を作成して内閣総理大臣に勧告を行うことになっています。

役員の選任権，会議などの手続や内部の規律に関する規則の制定権，秩序をみだした議員の懲罰権が各議院にあることを規定しているのは，各院が，内閣からも，裁判所からも，そして他の院からも妨害を受けることなく，その人事や議事ルールを決定できるよう保障するためです。

②　**国政調査権**　議院が活動するためには，国の政治に関する資料や事実について正確な情報を得ることが必要となってきます。憲法は，両議院に，「国政に関する調査を行」う権限を認めました（62条）。これが「国政調査権」と呼ばれるものです。憲法は続けて，この調査のために，「証人の出頭及び証言並びに記録の提出を要求することができる」としました。

国政調査権は，立法・行政・司法のすべての国の作用を対象としています。

議院は，「国政」に関するものであれば，国政調査権を用いて何でもその対象とすることができるのでしょうか？

表２　両院の選挙制度の比較

衆　議　院		参　議　院
465名	定　数	248名
４年（解散あり）	任　期	６年（３年ごとに半数の改選，解散なし）
18歳以上／25歳以上	選挙権／被選挙権	18歳以上／30歳以上
小選挙区比例代表並立制（重複立候補可能／比例代表区は政党名を記載）［小選挙区・比例代表区各１票］	選出方法	選挙区選挙—小選挙区または大選挙区 比例代表選挙—非拘束名簿式（一部（２合区）拘束名簿式）（候補者名または政党名を記載） ［選挙区・比例代表区各１票］
小選挙区　289名（全国289選挙区） 比例代表区　176名（全国11ブロック）	選挙区	選挙区　148名（45都道府県，鳥取県・島根県，徳島県・高知県はそれぞれ２県で１選挙区（合区）） 比例代表100名（全国１ブロック）
36万4431人 最多：東京13区48万247人 最小：鳥取1区23万959人 （小選挙区）	議員一人当たりの平均有権者数と最多区・最小区	70万9589人 最多：神奈川96万5,927人 最小：福井31万8,534人 （選挙区）
2.079倍 （東京第13区対鳥取第１区） 2021年10月選挙時	１票の格差（最大選挙区対最少選挙区）	3.032倍 （神奈川選挙区対福井選挙区） 2022年７月選挙時

国政調査権が各議院に保障されていることからすれば，議院はそれぞれ独自の観点から調査の目的や対象を決めることができるのですから，調査の対象は相当に広いものといえるでしょう。ただし，限界がないわけではありません。司法権の独立を侵害するような調査は，権力分立の原理からみて許されないでしょうし，国民の私生活を対象とすることも国民の権利の侵害となることから調査の限界を超えるものといえるでしょう。

国会議員は特権階級？

国会議員は，所属する議院のメンバーとして，議案を発議したり，表決したりする権限を持っています。こうした議員の役割を考えて，日本国憲法は国会議員に，次の三つの特権を認めています。

① **不逮捕特権**　国会議員は，国会の会期中に逮捕されることはありませんし，また，会期前に逮捕されていた場合でも，所属する議院の要求があれば釈放されます（50条）。これを不逮捕特権といいます。この規定は，逮捕権の濫用によって，議員としての活動が妨げられることを防ぐためのものです。ただし，法律の定める場合は例外で，国会法は，「院外における現行犯逮捕」の場合と「その院の許諾」のある場合を例外としています（33条）。

② **免責特権**　憲法は，国会議員は，「議院で行った演説，討論又は表決について，院外で責任を問はれない」と規定しています（51条）。これを免責特権といいます。この特権が認められるのは，公権力による刑罰などの威嚇によって，自由な議員活動が妨げられないことを保障するためです。演説・討論・表決は議員活動の例示と考えられますので，これ以外にも質疑や議案の発議など議員活動として正常なものは免責の対象となります。したがって，議院内で議員が他人の名誉を毀損する発言をした場合でも，民事責任を問われることはありませんし（最高裁平成９年９月９日判決），刑法上の名誉毀損罪や侮辱罪が成立することもありません。

③　**歳費受領権**　国会議員の給料のことをとくに「歳費」といいます。国会議員は，国庫から相当額の歳費を受け取る権利が保障されています（49条)。これは，資産家でないものでも議員となり，生計や議員活動を維持することができるようにするためのものです。

おわりに

国会は，「国権の最高機関」であり，国会議員は「全国民の代表」です。しかし，現状は，こうした憲法の規定とは大きくかけ離れているようにわたしたちの目には映ります。国政に関する重要な決定は，事実上，内閣と選挙で多数を占めた政党，国民からコントロールを受けることのない官僚団が行っており，国会はたんにそれを追認する儀式の場とさえ思われます。

法律についてみても，国会議員が提出する法律案の数は，内閣が提出する法律案とほぼ同じくらいであるにもかかわらず，成立率は，前者が10％程度であるに対して，後者は90％を越すことが多いのが現状です。この内閣提出法案も官僚団が作っているのです。

こうした事態を改善するためには，議会スタッフを充実させ，国会議員一人ひとりの政策立案の能力を高めたり，もっと議院の独自性を発揮させたり（とくに，参議院)，議院での論戦を活発化させるような制度改革を行ったり，官僚団を適切にコントロールするなどの方策が考えられなければならないでしょう。

議会与党と内閣とが事実上一体化する議院内閣制（→**第７章第２幕**参照）のもとで国会の働きを活性化させるには，議会野党の存在が重要なものとなってくる点にも注意したいところです。

【まとめ】

・近代議会は，「国民代表機関」と位置づけられ，権限と役割を高めていった。
・（男子）普通選挙制度の導入と政党の登場は，近代議会のあり方を大きく変えた。
・国会には，立法機関としてのはたらきの他に，代表機関，審議機関，最高機関，政府監督機関としてのはたらきがある。
・日本国憲法は，衆議院と参議院から構成される二院制を採用している。二院制は，権力分立の重要な要素である。
・国会の意思は，衆議院と参議院の両院の意思が合致した場合に現れてくる。衆議院と参議院はそれぞれ独立して活動する機関で，おのおの議院自律権が認められている。
・衆議院と参議院には多くの委員会がおかれている。国会での議院活動は，本会議よりもむしろこうした委員会を中心に行われている。
・国会は，審議機関として形骸化してきているとの批判が強く，さまざまに改革が提唱されている。
・選挙制度はたびたび改正されてきた。現在では，衆議院議員の選挙は，小選挙区制と比例代表制を加えた制度が，参議院議員選挙は，選挙区制と比例代表制を加えた制度が採用され，似通った制度となっている。
・国会議員には，その活動に配慮して，不逮捕特権をはじめ様々な特権が与えられている。

【参考文献】　大山礼子『日本の国会』（岩波新書，2011年）は，国会審議の形骸化・空洞化を招いたのは，法案の実質的事前審査が国会提出前の与党の内部手続き（与党内部での事前審査）に委ねられ，また政府・与党と野党とが国会外で事前協議して合意形成を行なっていることであるとし，審議機関としての国会の再興に向けた改革を提言しています。法学者としての視点から，戦後初期からのわが国の歴史的経緯の検討やイギリスやフランスとの国際比較も行われています。

川上高志『検証　政治改革』（岩波新書，2022年）は，前書がいわゆる「ねじれ国会」（衆議院と参議院の多数派が異なる状況）時代を念頭に置いているのに対して，その後に登場した「一強多弱」（衆議院と参議院の圧倒的な多数派与党に支えられた首相（官邸）に権力が集中する状況）時代における政治をジャーナリストとして動態的にとらえ，忖度官僚の出現や国会の軽視（国会審議の忌避），メディアの監視力の減退等が生じた現状を検証し，抜本的改革への議論を提唱しています。

第７章

国民の代表機関Ⅱとしての内閣

法学部教授のオフィス・アワーでの一コマ
常連の訪問者　経済学部４年Ａ君／法学部３年Ｂ君／文学部１年Ｃさん

プロローグ　：　問題意識

教　授：いつものメンバーがおそろいだね！　今日はどんな質問ですか？

Ｃさん：今朝母が，給与明細を見ながら，天引きされる税金や保険料の負担率のアップで手取り収入が減って，家計に響くっていってました。どうしてアップしているんですか？

Ｂ　君：結局は，財源が不足しているからですよね？　国や地方の借金も多いようだし。

Ａ　君：国と地方を合わせた借金（長期債務残高）は，2022年６月末で，1255兆円を超したそうですよ。単純に計算すると国民１人あたり約1000万円借金していることになります。

Cさん ：（頭の中で，ウチは４人家族だから，4000万円の借金かと思い，顔を上げて）どうしてこんな借金体質になったのかしら？

A　君 ：要は，収入より支出が多すぎて，不足分を国債や地方債をいう借金で穴埋めしてきたツケが回ってきたということだよ。

B　君 ：誰かがどこかでこの連鎖を断ち切らないと，ますます借金が雪だるま式に増えていくんじゃないですか？

教　授 ：その通り！　放っておくと大変なことになるだろう。しかし，何でも「お上」に頼りがちな国民や，その国民の顔色をうかがい票を得ようとする議員たち，それにお互いのために仕事を作りあって税金を無駄使いする役人たちがいる中で，それに立ち向かう強力な政治的リーダーシップを発揮して，大ナタをふるえる者がいるだろうか？

第１幕　政治を動かすモーターは？

教　授 ：日本の国の政治を動かしているのは誰だと思う？　次の中から各自選んでみてください。
①天皇，②国民，③国会または国会議員，④内閣または内閣総理大臣，⑤官僚（行政組織），⑥圧力団体。

Cさん ：わたしは，①の天皇だと思います。だって，国民からは尊敬されているし，首相も最高裁判所の長官も天皇が任命するんでしょ。

B　君 ：「国民の憧れ」として精神的にはそうかもしれないけれど，今の憲法じゃ，天皇はたんなるシンボル（象徴）で，憲法６条１項，２項に定められている首相や最高裁の長官の任命といっても形だけのもので，天皇には，拒否する権限はないと講義で習ったよ。国を動かしているのが天皇だなんていうのは情緒

【コラム】13――内閣不信任案の可決と衆議院の解散

憲法が，衆議院の解散に触れている条文は，７条と69条の２か所です。前者は，「内閣の助言と承認」によって内閣が裁量的に行う「天皇の国事行為」としての解散で，後者は，衆議院で内閣不信任案が可決された場合の対抗措置としての解散です。戦後，日本国憲法のもとで衆議院の解散は25回行われましたが，69条に基づくものは４回（昭和23年12月，昭和28年３月，昭和55年５月，平成５年６月）しかなく，残りはすべて７条によるものです（通常「７条解散」と呼ばれます）。

的な文学趣味じゃない!?　憲法には，主権者は国民で，その国民が国会議員をわたしたちの代表として選ぶと定められているんだから（前文１項，43条），国会が国の政治を動かしているんだよ。

Ａ　君：ぼくは，官僚組織だと思うな。首相や大臣がコロコロ変わっても，政権交代がおこっても，国会議員たちが政争に明け暮れても，国が混乱しないでいるのは彼らのおかげだろう。なかでも「官僚のなかの官僚」といわれる財務省じゃないかな。なんたって，「金」握ってるからな。

教　授：これに関しては，どういう視点でアプローチするかによって違ってくるだろうね。憲法の理念からすれば②の国民，代表民主制を採用している憲法の個別の条文からすれば③の国会，政治の現実に着目すれば④の内閣とそれをバック・アップしている⑤の官僚，ということになるでしょうね。

Ｂ　君：たしか高校生のとき，《国政の中心は国会だ》と教わったような気がするんですが……

教　授：Ｂ君のいうように，憲法によると，国会は，「国権の最高機関」とあるし（41条），内閣総理大臣を指名するのも国会です（６条１項）。内閣は国会に対して「**連帯責任**」を負うし（66条３項），衆議院が「**内閣不信任案決議**」を可決して，内閣を辞めさせることのできる規定もある（69条）。それに，何よりも国会は，主権者であるわたしたち国民から直接選挙で選ばれた議員で構成されているからね。だからこそ，国会が国政の中心であるといったいい方がこれまでは一般的だったんです。

でも，実際には，国会議員の中のリーダー格が内閣のメンバーとなるわけだし，内閣のもとにある行政官庁は，ゴミの回収から，泥棒の逮捕，税金の徴収，道路の建設，そしてまた，国の子会社といえる独立行政法人（**【用語解説】**参照）を通して，病院での治療から宇宙ロケットの開発や原子力研究，新エネルギー開発までと非常に広い分野を担当しているよね。それにもまして，省庁などの行政機関は，国会の定めた法律を執行するだけでなく，その案までも自分たちで作るようになってきているのが現状ですね。

このように，国のはたらきのなかで，行政の比重が重くなる現象のことを「**行政国家**」現象というんだが，こうなってくると《国の政治を動かす中心は，行政の元締めとしての内閣だ》といえるんじゃないでしょうか？

B 君：だけどその考え方は，議会を中心にして政治を動かす「**議院内閣制**」とは反対になってはいませんか？

教 授：いい質問です。じゃ，よりよく理解するために，まず内閣のあゆみについてみてみましょう？

第2幕　内閣のあゆみと議院内閣制

教 授：英語のCabinetの訳語が「内閣」なんだけど，もとは国王を補佐する人たちが「小部屋（cabinet）」で会議を開いて協議したことに由来するんです。最初は，国王の諮問会議だったのが，国王と議会とが対立する中で，両者のつなぎ役として働くようになっていったわけですね。

Cさん：「かすがい」ってわけですね！

教 授：そうです。このかすがい役の大臣団は，立憲君主制（**【用語解説】**参照）の時代に，国王をすべての国家権力の源泉にしながら，国王に責任を負わせないために大臣が助言する体制（これを「**大臣助言制**」といいます）に変わっていったんです。

B 君：行政法でよく出てくる「国家無答責」とか「王は悪事をなしえず」

【用語解説】――独立行政法人

省庁の行う仕事から，事業の実施部門や研究部門を分離し，独立した運営をするために作られた法人のことです。1990年代後半の橋本内閣の行政改革の一環として設立されました。原型は，イギリスのサッチャー政権時代（1980年代）に採用されたエージェンシー（Agency）です。一般企業と同様な会計制度や経営を取り入れ，とかく「お役所仕事」と批判されがちな業務を効率化・合理化しようとするものですが，役人の「天下り」先となっているとの指摘もあります。令和5年4月現在，87の法人があります。国立病院機構，住宅金融支援機構，日本学生支援機構，国民生活センター，造幣局などがその代表例です。

とかいわれるのは，助言する大臣が責任をとっているからですね。

Cさん ： 国王が悪いのではなく，大臣の助言が悪かったのだと議会が責任を追及できる，ということ？

教　授 ： そうだね！　その後，国民代表としての議会の力が強くなると立法権の実質は国王から議会へと移っていき，国王の権力もしだいに大臣団が代わって行うようになったんですね。そして，権力分立制のもとで，大臣たちの集まりが「内閣」という正式の単位となって，議会と対等な地位を占めていくようになるんです。今でいう内閣の誕生だ！

Ａ　君 ： 対等な地位とは，具体的にはどんな力関係なんですか？

教　授 ： 内閣の役割が大きくなってくると，議会は内閣が議会の政治方針から離れていないかとコントロールを強めるためにその責任をあれこれ問うようになってきたんですね。もし，議会の方針に反するような行動をとると，内閣を辞めさせようとすることにもなる。

Ｂ　君 ：「**内閣不信任決議**」ですね！

教　授 ： そのとおり。議会は，内閣の政治的責任を問うようになってきたわけです。言い換えると，内閣は議会の信任に基づいて成立し，存続しなければならないという考え方だ。これが「**議院内閣制**」なんです。

Cさん ： でも，いつも辞めさせられることにおびえていると内閣は仕事ができないんじゃないですか？

教　授 ： いいとこつきますね……内閣が辞めることを「**総辞職**」というんだが，四六時中責任を問われて，いつでも辞めさせられるというのでは対等な地位にあるとはいえないでしょうね。じゃ，どんな力関係であればいいんでしょう？

Ａ　君 ： 内閣にも議会に対抗できる武器を持たせればいいわけですよね！

Ｂ　君 ： それって，議会を「**解散**」する，という武器ですよね？

【用語解説】――立憲君主制

憲法に従って政治を行うことを原理とする君主制のことです。イギリス型の立憲君主制では，実際上の権力は議会に集中し，君主の権力は，名目的なものにとどまりました。序章でふれたように，「国王は，臨席すれども，統治せず」となったのです。他方，ドイツ型の立憲君主制では，君主が統治し，議会よりも上位にある体制でした。しかし，君主の力が無制約とならないように憲法が大臣助言制を組み入れたのです。明治憲法の立憲君主制については，第２章で学びましたね。

教　授：そう。《議会による内閣不信任決議》と《内閣による議会解散権》は，お互いが抑制しあう関係を作りだそうとしている。とすると，議院内閣制は，権力分立の一種だともいえますね。

Cさん：議会と内閣の対立は，誰がどのように調整するのですか？

教　授：さえてるね，今日は！　解散の後には何が予定されているかを考えてみればヒントになります。

Cさん：国民による「**総選挙**」ですか⁉

教　授：ますますさえてるね‼　そう，国民（選挙民）が，選挙を通して両者の対立に最終的な判定を下すわけですね。総選挙後に開かれる特別国会で内閣が総辞職するのは（70条），総選挙で示された国民の意思を代表する新しい内閣を組織する意味があるんです。そして，総選挙は，政党制，中でも二大政党制のもとでは首相を選ぶという役割を果たしてもいる。

A　君：ということは，《内閣は議会に対して責任を負っている》というよりは，《国民に責任を負っている》ということになるんじゃありませんか？

Cさん：だとすると，「議院内閣制」という表現には違和感がありますね。

教　授：そうですね！　選挙が国会と内閣の関係を決定する点に着目すると，議会だけでなく内閣もまた国民を代表する機関となっているように映るね。「国民内閣制」と表現する人もいるくらいです。国民の支持を背景に，強い政治力で官僚団をコントロールしようというところだろうね。

第3幕　内閣の構成とはたらき

A　君：ところで，内閣はどのようにして構成され，どんな仕事をやっているのですか？

教　授：明治憲法を読んでみると，「内閣」という言葉はどこにもなく，55

条に「国務各大臣」に関する１か条があっただけだったんです。各大臣が天皇を輔弼（ほひつ）してその責任を天皇に対して負うやり方を実現することのほうが重要だ，と考えわれていたわけです（⇒**第２章２**）。

Cさん：たしか，1885年に初代内閣総理大臣に伊藤博文が任命されたことは，中学のときに習ったわ。明治憲法の制定が1889年だから，憲法の制定よりも内閣の成立のほうが早かったんですね。

B　君：でも，内閣は憲法上の機関じゃなかったんですね。じゃ，誰が首相を選んでいたんですか？

教　授：天皇です。でも実際には，憲法に明記されない元老（明治維新に功績にあった人たち）とか重臣（首相経験者たち）とか呼ばれる人たちが首相候補を天皇に推薦し，天皇が任命するのが慣行でした。これに対して，日本国憲法では，第５章に11か条も内閣に関する条文を置いている。内閣の構成に関しては，66条１項に規定があるから，読んでください。

一　同：「内閣は，法律の定めるところにより，その首長たる内閣総理大臣及びその他の国務大臣でこれを組織する。」

教　授：これを受けて定められた内閣法２条は，「国務大臣の数は，14名以内とする」（２項）と規定している（必要な場合は，17名以内）。続けて同法４条は，「内閣がその職権を行うのは，閣議によるものとする」ともいっています。つまり，内閣は合議体として動き，しかも，明治憲法以来の慣行として，閣議での意思決定は全員一致によっています。

A　君：じゃ，この閣議でゴミの分別回収から原子力エネルギーの開発まですべてを決めるんですか？

B　君：そんなことはありません。会社だって，取締役会がゴミ袋の買い入

【コラム】14――閣議「密室の行為」？

内閣の会議のことを「閣議」といいます。定例閣議は，毎週火曜・金曜の午前10時から開かれます。必要に応じて開かれる臨時閣議や持ち回り閣議もあります。慣行上，閣議は非公開とされています。議事録は，明治の内閣制度発足以来作成されてきませんでしたが，公文書管理法の趣旨に基づいて平成26年３月より，透明性の向上，情報公開そして国民への説明責任の観点から，作成されるようになりました。これまでは，記録が外に出ると閣内不一致を指摘されるおそれを理由に，議事録は作成されていませんでした。

れまで決定することはないんだから。重要なものだけだ，と予測はつくでしょう？

教　授：憲法65条が，「行政権（**【用語解説】**参照）は，内閣に属する」と規定していることから，A君が疑問に思ったように，ゴミの分別回収まで内閣が決めているように思っている人もいるだろうが，そうじゃない。内閣のはたらきを表にまとめると，だいたい次のようになります（**表3**参照）。

ここでしっかり押さえておかないといけないのは，内閣の最も重要な仕事は，国会の定めた「法律を執行する」ことじゃなくて，「国務を総理する」ことだ。これを「執政（**【用語解説】**参照）」と呼んで，法律を執行する「行政」と区別することにしましょう。

Cさん：「国務の総理」って，どういう意味ですか？

教　授：**《国の政治の基本方針を決めること》**です。

A　君：でも先生，ゴミの分別回収やリサイクルの基本方針を定めることも，環境政策と位置づければ立派な執政といえるんじゃないですか？

表3　内閣のはたらき（憲法上のものに限定）

1　73条に規定されているもの
- ①　法律を誠実に執行し，国務を総理すること
- ②　外交関係を処理すること
- ③　条約を締結すること
- ④　法律の定める基準にしたがい，官吏に関する事務を掌理すること
- ⑤　予算を作成し，国会に提出すること
- ⑥　憲法および法律の規定を実施するために政令を公布すること
- ⑦　大赦，特赦，減刑，刑の執行の免除および復権を決定すること

2　その他のもの（主要なものに限定）
- ①　天皇の国事行為に対する助言と承認（3条）
- ②　最高裁判所の長官の指名（6条2項）とその他の裁判官の任命（79条1項，80条1項）
- ③　国会の臨時会の召集の決定（53条）
- ④　内閣総理大臣を経て，議案を国会に提出すること（72条）

【用語解説】――行政権と執政権

憲法65条は，「行政権は，内閣に属する」と規定していますが，その英訳をみてみると，“Executive power shall be vested in the Cabinet.” となっていて，「行政権」に直接対応する “administrative power” という表現は用いられていません。英語の “executive power” は，本来，「執政」を意味する言葉なのです。ちなみに，アメリカ合衆国憲法で “executive power” というと，大統領権限のことを指しています。

教　授： A君のいうように，執政と行政の境目は実は明確ではありません。とくに，今の大臣の地位も，戦前のやり方をあまり変えないで，国務大臣と各省の大臣（これを「行政大臣」といいます）とを同一人物が兼ねるから余計にややこしい。こうしたやり方は「国務大臣・行政大臣兼任制」といわれます（**図1**参照）。

B　君： つまり，同一人物が，一方で国務大臣として執政を，他方で行政大臣として各省庁の行政を仕切るという原則になっているんですね。

教　授： 執政として国全体の利益を図る内閣のメンバーである国務大臣が各省のトップになるほうが，行政組織をコントロールできると考えられ，兼任制となったのでしょう。でも実際には，大臣は，各省の利益を図るようになってしまった……

Cさん： ミイラ取りがミイラになった……そんなことで，国民の納得いく断固とした決定ができるのかしら？

教　授： 戦前では，すべての統治権限は天皇の手にあるとされつつも，西欧の大臣助言制にならって，国務大臣による輔弼制を取り入れました（⇒**第2章 *2***）。まえにふれた明治憲法55条1項をよくみると，国務「各」大臣となっているよね。ということは，輔弼制とは，個別の大臣（たとえば，外交に関しては外務大臣，財政に関しては大蔵大臣，陸軍に関しては陸軍大臣）が責任をとって天皇に責任が及ばないようにする仕組みだったのですね。内閣が一体として連帯責任を負うということではなかったんです。総理大臣もこうした大臣と同じ地位にあって，閣議の司会をするくらいの権限しか持ちませんでした。

Cさん： それで，戦前の近衛首相が，軍部の暴走を押さえられなかった理由がわかりました。

教　授： うん，内閣総理大臣がリーダーシップをもって内閣を取りまとめ，

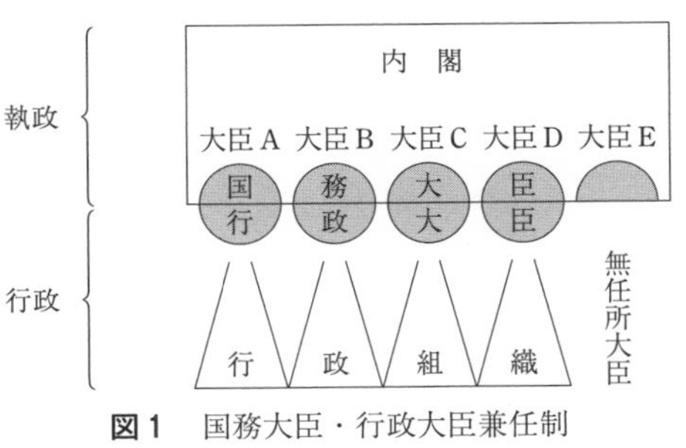

図1　国務大臣・行政大臣兼任制

重要な決定を下し，行政組織をコントロールできる体制ではありませんでした。そこで反省をこめて，今の憲法では内閣総理大臣を内閣の「首長」，つまり組織のヘッド（head）として，内閣の一体性を保つよう工夫されています。そのために，他の大臣の任免権（68条）や行政各部の指揮監督権（72条），閣議の主宰権（内閣法４条２項）や自衛隊の最高指揮権（自衛隊法７条）などさまざまな権限を内閣総理大臣に与えたんですね。

Ａ 君：でも教授，そうはいってもぼくには首相がそんなに強い権限を持って，リーダーシップを発揮しているなんて想像できないんですが……

教 授：Ａ君の持つ首相像は，多くの日本人が抱くものだろうね。なぜそんなイメージを抱くんでしょうね？

一 同：？？？

教 授：総理大臣は，戦前に比べて強い権限を持っているといいながら，行政権の行使についてはすべて「**閣議にかけて**」行うことが条件とされています（前出内閣法４条参照）。そして，閣議は，先にふれたように，慣例上，全員一致でなければならないとされているために，大臣が一人でも反対すれば，内閣として意思を決定できなくなるわけですね。

Ｂ 君：それじゃ戦前のやり方と変わらないじゃないですか。総理大臣の閣僚任免権や閣議の主宰権はどうなるんです？　それに全員一致というのは，たんなる慣例にすぎないんでしょう？

教 授：その疑問はもっともです。先ほど，国務大臣が同時に省庁のトップにすわる「国務大臣・行政大臣兼任制」の話をしたけれど，これが世間でよくいわれる「日本の縦割り行政」の一因ともなっていた。担当大臣が「これはわたしの所管（守備範囲）です」といえば，総理大臣も強くはでれない。これを打ち破っていこうと，首相の指導力を強めるために，たとえば平成11年の内閣法の改正では，閣議での首相の重要政策発議権が明記されました。でも，首相が，国務大臣を罷免することは（辞めさせること）は，「伝家の宝刀」で，やたら使われることはないし，また，使いすぎるとなんでそんなヤツを任命したんだと首相自身の責任を問われることになってしまいますよ（**【コラム】15**参照）。

第４幕　内閣のもとにある行政組織

教　授：ところで，誰か「パーキンソンの法則」って聞いたことありませんか？

Cさん：脳内のドーパミンが原因でおこる指の震えなどの症状……

Cさん除いた全員：（あぜん！）

教　授：パーキンソンはパーキンソンでも，こちらのほうは，イギリスの政治学者だったパーキンソンが自国の官僚制を考察して提唱した法則のことです。彼は，官僚制内部の総職員数は，なすべき仕事の増減とは関係なく，毎年５～７％増加したことを指摘し，その要因を二つあげた。一つは，役人はライバルより部下が増えるほうを望むこと，もう一つは，役人は互いに仕事を作りあうということです。

A　君：いつの話ですか？

教　授：1958年に出版した本の中で述べているから，もう60年以上も前のことですね。

Cさん：今の日本の現状にもピッタリあてはまりそう。

B　君：これまでに何度も何度も行政改革（行革）が提唱されては，不完全

【コラム】15――クビになったのは誰？

日本国憲法の制定から75年。この間に内閣総理大臣の罷免権によって，クビを切られた国務大臣は，５人だけです。その５人とは，①片山内閣の平野力三農相（昭和22年，戦争責任問題での失言），②吉田内閣の広川弘禅農相（昭和28年，野党の内閣総理大臣懲罰決議の採決での欠席），③中曽根内閣の藤尾正行文相（昭和61年，韓国併合問題での失言），④小泉内閣の島村宜伸農水相（平成17年，衆議院解散の閣議決定への署名の拒否），⑤鳩山内閣の福島瑞穂消費者・少子化担当相（平成22年，米軍移転先決定に関する閣議決定への署名の拒否）です。大臣たちの暴言や失言は後を絶ちませんが，ほとんどの場合，その大臣の自発的な辞表提出とその受理というかたちで処理されてきました。

なまま終わってきたのは，役人が乗り気じゃないからですね。

教　授：かつては，こうした官僚と政治家（族議員），そして業界（圧力団体）は「鉄のトライアングル」を作っていて，お互いのために，情報，利権，金，票を出し合う持ちつ持たれつの強力な関係だったんです。だから，政治家や業界も行革には消極的だった。

Cさん：わたしたち市民の税金が彼らを太らすために無駄に使われていたわけですね。許せない！

B　君：まあまあ，落ち着いて。いろいろと批判されている官僚だけど，彼らがいなくちゃ困るだろ。仮に内閣が執政として環境保護の基本方針を決定しても，実際に環境省がゴミの回収作業やリサイクルの具体策を煮詰めなければ，いつまでたってもゴミ箱は臭いままなんだから。

教　授：たしかに，今の国家は「行政国家」だから，行政官僚を抜きにして国の政治の仕組みや動きを正確にとらえることはできないだろうね。でも今の行政組織は，あまりにも巨大化し過ぎて効率よく動けないし，内部で何がどのように決められているのか不透明だ。国会議員の場合には，まだわたしたちは選挙を通じて彼らの行動をチェックできますよね。「行政国家」の危険な点は，わたしたち国民に何ら責任を負わない官僚たちが，大きな権力をいたるところで行使しているところにありそうですね。

B　君：これに対処するためには，行政手続法（**【用語解説】**参照）も，情報公開法も必要なわけだ！

Cさん：ところで，現在の行政組織はどうなっているんですか？

教　授：国の行政組織を図解すると，**図2**のようになります。

【用語解説】——行政手続法

これまで個別的にしか規定されていなかった行政の活動に関する手続の方法を統一し，あらゆる分野にわたる行政の手続に関する一般的な規定を置く法律。1993年11月に成立し，翌年の10月から施行されました。行政処分の審査基準の公開や許認可などで拒否する場合の理由付記を行政側に義務付けるなど，行政の活動の透明性を高め，行政と市民との関係をより健全なものにするための法律です。そのなかでも注目したいのが，行政が命令などを制定する前に，広く公に意見や情報などを求める手続である**パブリック・コメント**（Public Comment，意見公募手続）という手法です。

Ａ　君：この図の中でとくに注目しておくことは何ですか？

教　授：そうだねえ，内閣府を他省庁より格上の役所として置き，政策立案や総合調整を行うようにしたことですね。

Ｂ　君：首相→（内閣官房）→内閣→内閣府→各省庁と，「政治主導」で政策を実現できるようにするわけですね（**【コラム】16**参照）。

Ａ　君：でも，行政システムの肥大化を是正するために総務省（かつての郵政省，自治省，総務庁を統合）や国土交通省（かつての運輸省，建設省，国土庁，北海道開発庁を統合）のような巨大官庁を作ると，肥大化がさらに進んで，コントロールが効かなくなるのではないですか？

教　授：当然そうした疑念も出てきますね。システムは，その「運用」で大きく左右されるからね！　そうした意味でも，国民を代表する機関といえる内閣，そしてそれを束ねる首相の強力なリーダーシップが問われているわけです。ただ

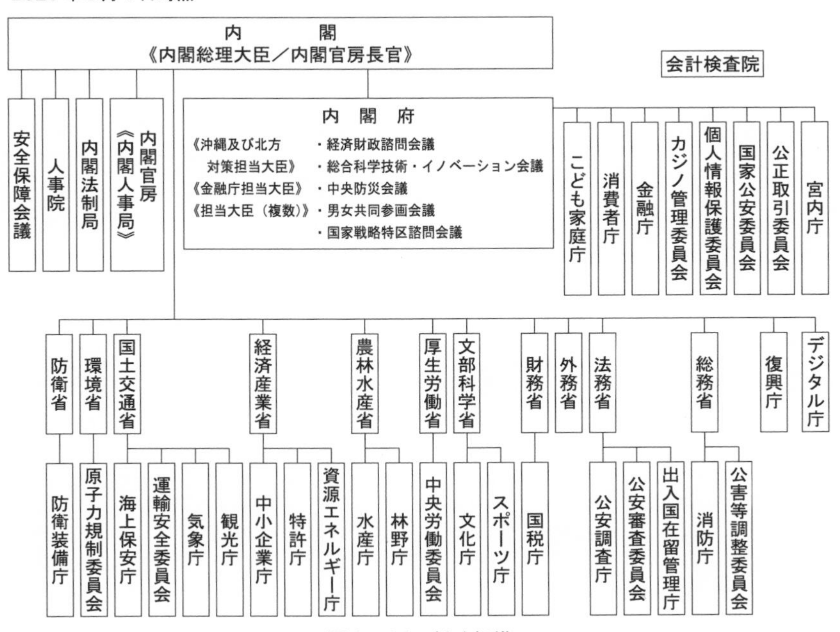

図２　国の行政組織

し，それが政治の専断に陥らないように国会やメディア，さらには主権者である国民が常に監視を怠らないことも必要ですよね！

エピローグ

教　授：国と地方を合わせて1250兆円を超すような財政赤字を解消するには，強いリーダーシップを発揮して行財政改革を行って，「小さな政府」を実現することが大切だといわれる背景は理解できたようですね。そのためには，過剰な規制を緩和することで民間の競争を促したり，これまで中央省庁が握っていた権限や財源を地方自治体に委ねたりすることで，行政組織とその権限をスリム化しようとされてきたわけです。

Ａ　君：「民」でできることは「民」で，「地方」でできることは「地方」で，ということですね。

教　授：憲法が第８章で「地方自治」を保障しているといっても，これまでは「３割自治」といって，７割の仕事をする地方が，３割の財源しかなく，多くを補助金などの国の財源に頼ってきた。地方もまた自立・自助・自己責任を確立することが求められ，自らの創意と工夫をいかさなければなりません。

Ａ　君：国も地方もいろんな分野ではっきりとした「責任」が求められる時代が来たんですね……ぼくはこれまで結構無責任できたけれど……

【コラム】16――「官僚主導」から「政治主導」へ

2009年に廃止されるまで，明治の内閣制度の創設の頃から，官僚のトップである事務次官たちによって構成される「事務次官等会議」が，定例閣議の前日に会合をもって，閣議にあげるべき案件を事前に調整していました。この会議は，法令に基づいて設置されていないばかりか，慣例上，全員一致によっていたため，省庁のエゴを許す元凶ともいわれていました。現在では，閣議の決定した基本方針を連携して進め情報を共有し，具体策を検討する「次官連絡会議」へと衣替えしています。ここでは，閣議案件の事前調整は行われません。他にも，国会における議員からの質問には，大臣に代わって各省庁の局長などの官僚が答弁する「政府委員」制度というものがあり，官僚主導政治と国会における低調な論戦の一因と考えられていました。2001年にはこの制度も廃止され（代わりに「政府参考人」制度となる），大臣の補佐として国会議員から任命される「副大臣・大臣政務官制度」が作られました。国会議員も官僚に負けない政策の勉強が必要となったのです。

教　授：個人や企業にも自己責任が求められる時代だ，という点も忘れないで！

【まとめ】

・行政国家における国の政治は，国会というよりは内閣とそのもとにある行政組織が動かしているのが現状である。
・議院内閣制も，権力分立の一つの形態である。
・議院内閣制については，これまでは内閣が国会に対して政治責任を負うという両者間の関係が中心であったが，現代では，選挙民（国民）も重要な要素となっている。
・衆議院議員選挙は，事実上首相を選ぶ選挙となっているし，国会議員のリーダーたちが内閣の重要ポストにつくこともあり，国会とともに内閣もまた国民代表機関となっている。
・内閣のはたらきは，法律のたんなる執行ではなく，国の政治の基本方針を定めること（「国務を総理すること」，執政）である。
・日本国憲法は，明治憲法時代に比べて，総理大臣に内閣の首長としての地位を認め，他の大臣の任免権をはじめ，強い権限を与えた。
・行政国家現象が進行する中で，法律案や政策案の決定権は，事実上，国民に直接責任を負わない官僚たちに委ねられるようになってきた。
・現代行政は，肥大化し過ぎて縦割り行政などの弊害のほうが目立ってきている。
・肥大化した行政をスリム化・効率化し，官僚組織をコントロールする強い政治的リーダーシップが内閣，そしてとくに首相に求められている。
・強いリーダーシップが政治の専断にならないよう抑制を効かせる必要も出てくる。そのためにも国会とりわけ野党や，メディアそして主権者である国民が常に監視を怠らないことが重要となる。

【参考文献】　大浜啓吉『「法の支配」とは何か』（岩波新書，2016年）は，混同されがちな英米流の「法の支配」とドイツ流の「法治国家」の違いを歴史と理論の両面から整理し，日本国憲法の統治原理が「法の支配」であることを示しています。行政法の入門書としての役割も持たされており，一読をおすすめします。

飯尾潤『日本の統治構造』（中公新書，2007年）は，国会，内閣，首相，官僚制，政党，選挙制度，政策決定過程などについて，歴史を縦軸に過去を，国際比較を横軸に現在を検証し，日本の議院内閣制の分析を通して広く日本の統治システムを明らかにしようとするにとどまらず，日本の政治の問題と解決の選択肢をも提示しています。

第8章

憲法の番人——司法権と裁判所

皆さんは日常生活の中で何かトラブルにあったことはないですか？　トラブルにあった場合，まずは当事者同士が話し合い，解決を目指すことになるでしょう。しかし，当事者同士では解決できない場合もあります。さて，誰に助けを求めますか？　こんな時に役に立つのが裁判所です。

「裁判所」と聞いて何を連想するでしょうか？「裁判沙汰」という言葉もあるように，裁判所にはあまりお世話になりたくないと思われているかもしれません。しかし，裁判所はわたしたちのトラブルを解決する機関で，本来，身近な存在のはずなのです。裁判員制度などの市民の司法参加の制度をみても，裁判所がわたしたちにとって身近なものであると感じられるのではないでしょうか。

本章では日本国憲法において裁判所がどのような機関と位置づけられているのかを，権限，組織などの側面からみていきたいと思います。

1　司法権

司法権とは——「法律上の争訟」

裁判所は司法権を担う国家機関です（憲法76条1項）。司法とは，「具体的な争訟について，法を適用し，宣言することによって，これを裁定する国家の作用」であると解釈されています。裁判所の扱う具体的な争訟と同義であると考えられているのが，裁判所法３条の定める「法律上の争訟」という概念です。つまり，裁判所が裁判の対象として扱うのは原則として「法律上の争訟」という要件を備えた紛争であるということです。この法律上の争訟とは，①訴訟当事者間の具体的な法律関係または権利義務の存否に関する紛争であり，②法を適用することによって終局的に解決できるという二つの要件を満たす紛争をいうと理解されています。

したがって，このような法律上の争訟の要件を満たさない紛争については，当事者にとってはそれが重大な問題であったとしても，裁判所は裁判の対象としません。たとえば，ある法律が制定されその合憲性に疑問があったとしても，ひょっとしたら将来自分に何か関係が出てくるかもしれないという理由で裁判を提起したとしても，自分の権利義務とは関係のない段階では，裁判所はこれについて判断することはありません。①の要件を欠いているからです。このことについて最高裁判所は，**警察予備隊違憲訴訟**（最高裁昭和27年10月８日大法廷判決）の中で「我が裁判所は具体的な争訟事件が提起されないのに将来を予想して憲法及びその他の法律命令等の解釈に対し存在する疑義論争に関し抽象的な判断を下すごとき権限を行い得るものではない」と論じています。また，たとえば，学問上の争いや宗教上の教義に関する争いについても裁判所は裁判の対象として扱いません。後者の問題は②の要件を欠いていると考えられるからです。

司法権の範囲

裁判所が扱う紛争には刑事事件，民事事件，行政事件という３種類のものがあります。**刑事事件**とは，刑事法違反に関連する事件のことです。たとえば，殺人，窃盗，覚せい剤のような違法薬物の所持などが刑事事件です。**民事事件**とは，私法上の権利義務に関する紛争で，たとえば，友達に貸したものが返ってこないといった場合の返還請求や，返ってきたけれども壊れていたので損害賠償を請求するといった例をあげることができます。**行政事件**とは行政機関の公法上の活動についてその違法性等を争う事件です。明治憲法のもとでは，行政事件は行政機部門に属する行政裁判所が扱っていましたが，日本国憲法は，76条 2 項で特別裁判所の設置を禁止しました。したがって刑事事件，民事事件，行政事件のいずれも日本国憲法ではすべて通常の裁判所で裁判がおこなわれます。

司法権の限界

では，裁判所は法律上の争訟であればすべて裁判するのでしょうか。それがそうでもないのです。法律上の争訟ではあるけれども司法権の行使が否定されたり制限されたりすることを「**司法権の限界**」と呼んでいます。そもそも，国際法上，日本の裁判権が及ばないような事件については，裁判所は司法権を行使することができません。このほか「司法権の限界」としては，①国会や行政機関との関係における限界，②団体の内部事項に関する限界をあげることができます。

①は，権力分立などの観点から導かれる限界です。国会との関係では，憲法が各議院の自律権に委ねている事柄に関しては司法権が及びません。議事手続（56条など）や議員の懲罰（58条 2 項）についての争いがその例です。また，国会の裁量に委ねられている事柄については，裁判所は国会の裁量を尊重し，裁量権を逸脱した場合のみ違法と判断することができます。

行政機関との関係においても，行政機関の裁量に委ねられていると解される事柄については，裁判所は，裁量権の逸脱・濫用の有無のみを審査します。

②は，たとえば，地方議会，大学，政党のような自律的な法規範を有する団体についてです。このような団体の内部事項に関する問題は，団体内部での自主的，自律的な解決にゆだねるべきであり，一般市民法秩序と直接関係のない内部的な問題は裁判の対象とはならないとされています。

統治行為

司法権の限界の①に関連して，「統治行為」と呼ばれる国家行為が司法権の対象となるのかという問題があります。統治行為とは国家統治の基本に関する高度に政治性を有する国家行為のことで，この行為については，法律上の争訟として裁判所による法的な判断が理論的には可能であったとしても，裁判所による審査の対象から除外されると論じられています（このような理論を「統治行為論」と呼びます)。最高裁判所で統治行為について語られたのは，日米安全保障条約（**砂川事件**〔最高裁昭和34年12月16日大法廷判決〕）と衆議院の解散（**苫米地事件**〔最高裁昭和35年6月8日大法廷判決〕）です。まず，砂川事件では，日米安全保障条約は「主権国としてのわが国の存立の基礎に極めて重大な関係をもつ高度の政治性を有する」ことから，「純司法的機能をその使命とする司法裁判所の審査には，原則としてなじまない」ものであり，「一見極めて明白に違憲無効であると認められない限りは，裁判所の司法審査権の範囲外のもの」であると判断されました。苫米地事件では，衆議院の解散を「極めて政治性の高い国家統治の基本に関する行為」であるとして，裁判所での裁判の対象とならないとしています。

ではなぜ，統治行為が裁判の対象にならないのでしょうか？　そもそもこのような理論を否定する学説もありますが，肯定的な学説の方が多いようです。肯定的な学説もその論拠として国民主権のもとでの権力分立をあげる内在的制約説や，裁判所が政治的混乱に巻き込まれることを回避するという自制説があります。

きわめて政治性が高く，国の統治の根本に関わるほどの重大な問題だからこそ，非政治的な機関である裁判所に法的判断を仰ぎたいと考えることも一理あります。しかし同時に，日本国憲法は国民主権原理を採用しており，政治的な問題に関する最終的な判断を国民に任せています。そのために国会議員選挙をはじめとするさまざまな選挙が行われます。統治行為のような高度に政治性のある問題も，主権者である国民が選挙を通じて判断を示すべきであるともいえます。また，裁判所が統治行為に関する問題について判断を下し政治的紛争に巻き込まれたらどうなるのでしょうか。裁判所がこのような問題にどこまで踏み込むべきなのかは，とても難しい問題です。

2　裁判所

組 織 と 構 成

憲法76条１項は，司法権が最高裁判所と法律の定めるところにより設置する下級裁判所に属すると定めています。司法権を担う裁判所の頂点は**最高裁判所**です。最高裁判所は東京に１か所置かれており，法令などの合憲性を審査する終審裁判所です（憲法81条）。最高裁判所での裁判は大法廷（15人全員の裁判官により構成される法廷）または小法廷（５人ずつの裁判官で構成される法廷）で行われますが，①当事者の主張に基づいて法令が憲法に適合するかしないかを判断するとき，②法令が憲法に違反すると認めるとき，③法令の解釈適用について，従来の最高裁判所の裁判に反するときは大法廷で裁判します（裁判所法10条）。

下級裁判所としては高等裁判所，地方裁判所，家庭裁判所，簡易裁判所という４種類があります（裁判所法２条）。高等裁判所は全国の大都市に８か所，地方裁判所と家庭裁判所は各都道府県に１カ所（北海道には４か所）の計50か所，簡易裁判所は全国で438か所に置かれています。家庭裁判所は少年事件や家事事件を扱い，簡易裁判所は罰金以下の刑にあたる罪の刑事事件や紛争の対象となっている金額が140万円以下の民事事件を扱います。また，東京地方裁判所の特別の支部として，知的財産に関する裁判の充実と迅速化を目的とした知的財産高等裁判所が置かれています（2004年設立）。

76条２項は**特別裁判所**の設置と行政機関が終審として裁判を行うことを禁止しています。特別裁判所とは，最高裁判所の系列から独立し，特定の範囲の事件のみを管轄する裁判所のことです。明治憲法下での軍法会議や行政裁判所などがこれにあたります。また，行政機関による終審裁判の禁止といっても，行政機関が裁判することを一切否定するものではなく，あくまでも終審として裁判を行うことを否定するものです。すなわち，行政機関であっても裁判所で争う前審として審判することはできます。

裁判官の任命

裁判官の任命方法は最高裁判所，下級裁判所によってそれぞれ異なっています。最高裁判所は，長官と14人の判事で構成されています。長官は内閣が指名し，天皇が任命します（憲法6条2項）。その他の判事は内閣が任命し，天皇が認証します。最高裁判所の裁判官には定年制がとられており，70歳に達したときに退官します（裁判所法50条）。

下級裁判所の裁判官は最高裁判所が指名した者の名簿に基づいて内閣が任命します（憲法80条1項）。下級裁判所の裁判官は任期制（任期10年）がとられていますが，定年に達した場合には退官します（高等裁判所，地方裁判所，家庭裁判所の裁判官の定年は65歳，簡易裁判所の裁判官は70歳が定年です）。憲法80条1項は下級裁判所裁判官の再任について定めています。この再任に関して，下級裁判所裁判官は10年の任期を経過すれば退官するものと解釈し，再任は新任と全く同様であると解釈する学説もあります。この学説によると，再任するか否かの判断，すなわち，最高裁判所が再任希望者を内閣に提出する名簿に載せるか否かの判断は最高裁判所の自由裁量であると解釈されます。これに対して，再任は裁判官の身分継続の原則を前提とするもので，下級裁判所の裁判官は再任される権利を有していると解する学説や，特段の事由がない限り再任が原則であると解釈する学説もあります。

裁判官の再任に関して，かつて最高裁判所は任期が終了する裁判官について再任を拒否したことがあります（1971年の**宮本判事補再任拒否事件**）。最高裁判所が再任を拒否した理由を明らかにしなかったため，再任拒否は判事補の所属していた団体が理由となっているのではないかと推測されました。このような再任の拒否は裁判官の思想・信

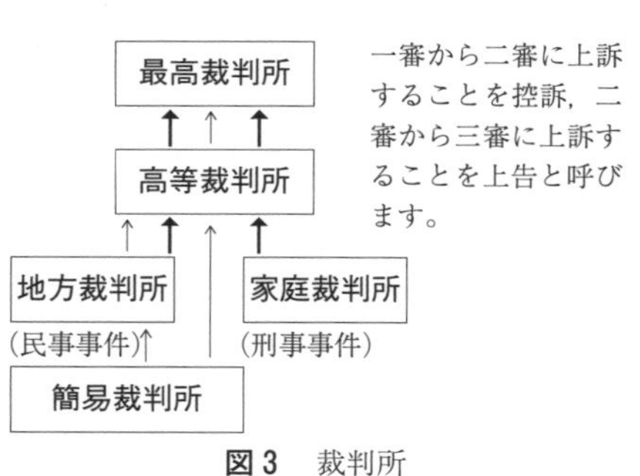

図3　裁判所

条・団体加入を理由としたものであって，基本的人権を侵すばかりか，裁判官の身分保障ひいては司法権の独立をおびやかすことになり，重大問題であると批判されました。

裁判の公開

さて，裁判はどのように行われるのでしょうか。

憲法82条１項は，**裁判の公開**について定めています。この「公開」とは何を意味するのでしょうか？　これは裁判を一般の国民に公開するという意味を持っています。すなわち，裁判に何の関係もない人でも裁判を**傍聴**することができるという事です。ではなぜ公開するのでしょうか？　それは，**裁判の公正**さを担保するためです。もしも裁判が密室で行われたとしたら，そこで何が行われているかは誰も知ることができません。裁判を公開することは裁判の公正さを担保するのに資するだけではなく，裁判に対する信頼を確保するうえでもとても重要な意味を持っています。

裁判官の面前で裁判の当事者が自分たちの主張を述べる場のことを「**対審**」といいます。民事訴訟では口頭弁論，刑事訴訟では公判のことを意味します。対審は原則として公開で行われますが，例外として非公開にすることもできます。非公開にできるのは，裁判官が全員の一致で公の秩序または善良の風俗を害するおそれがあると決した場合です（82条２項）。ただし，①政治犯罪，②出版に関する犯罪，③憲法３章で保障する国民の権利が問題となっている事件の対審については常に公開されます。対審が終わると裁判官は訴訟当事者の申し立てについて判断を下します。これを**判決**といいます。判決は常に公開法廷で行われます。

3　司法権の独立

裁判所は法を適用してさまざまな紛争を解決します。その中で重要なのは，裁判が公正に行われるということです。そのための仕組みとして，裁判が公開で行われていることについては既に説明したとおりです。これだけではなく，日本国憲法は**司法権の独立**について定めています。

司法権の独立とは，裁判所が他の機関からの干渉や圧力を受けることがないこと，そして，裁判官の職権行使の独立が保たれていることを意味します。もしも裁判所や個々の裁判官が外部から干渉や圧力を受けたとしたら，裁判の公正さは担保できるでしょうか？　いやいや，大丈夫と思うかもしれません。裁判官は優れた資質を持った人たちで，公正無私な姿勢で常に裁判に臨み，裁判所は圧力に屈しないと……。たしかにそうかもしれません。しかし，司法権の独立に関する仕組みを持つことは，裁判の公正さをより確実にしていくといえるでしょう。

裁判所の独立

司法権の独立を確保するために必要なのは，裁判所が立法機関や行政機関といった他の機関から干渉や圧力を受けないということです。裁判所の独立性を保つため，憲法は最高裁判所の規則制定権（憲法77条）や司法行政権，下級裁判所の裁判官指名権（憲法88条）を定めています。

裁判所の独立に関連して語られるのが**大津事件**です。大津事件とは，1891年，来日中のロシア皇太子が滋賀県大津で警察官に襲われ負傷した事件です。この事件において，内閣は担当裁判官に旧刑法116条の定める天皇や皇族に対して危害を与えた者に適用する大逆罪によって死刑を類推適用するよう申し入れをしています。しかし今の最高裁判所にあたる大審院院長の児島惟謙は，刑法に外国皇族に関する規定がないと担当裁判官を説得し，刑法の規定に従って普通殺人未遂として無期徒刑（懲役）の判決を下させました（この事件は後に司法権の独立を語るエピソードとして語ることができますが，一方で担当裁判官の裁判に干渉した事例としても語ることがきできます）。

裁判官の独立

公正な裁判の実現のためには，裁判所の独立と同時に，実際に裁判を担当する裁判官に対しても独立して裁判が行えるように保障していく必要があります。

憲法76条３項は，「すべて裁判官は，その良心に従ひ独立してその職権を行ひ，この憲法及び法律にのみ拘束される」と定めています。「**良心**」とは，裁判官の個人的良心ではなく，裁判官が職務を行う際の客観的な良心であると解釈されています。もちろん，裁判官の個人的良心と裁判官としての客観的な良心とを区別できるのかという疑問はあります。しかし，この条文はあくまでも裁判を行う場合の裁判官としての良心（客観的な良心）のことを意味している，と解釈することが適切でしょう。「独立してその職権を行ひ」とは，裁判官が裁判に際して裁判所の外から，また裁判所の内部においても干渉を受けないということを意味します。裁判所法80条は，司法行政に関して各裁判所による職員に対する監督権について定めていますが，同法81条は，この監督権が裁判官の裁判権に影響を及ぼしてはならないと定めています。裁判官は裁判に際して，「憲法及び法律にのみ」拘束されます。ここでの「法律」には命令，規則，条例，慣習法などを含みます。

裁判官の職権の独立が問題となった事例としては，**浦和事件**（1948年），**吹田黙祷事件**（1953年），**平賀書簡事件**（1969年）などをあげることができます。浦和事件とは，子ども３人を殺し親子心中をしようとした母親に対する判決が懲役３年執行猶予３年だったという判決に端を発します。参議院の法務委員会はこの事件を取りあげ，国政調査権に基づく調査を行い，裁判における事実認定に不満を示したうえで，刑罰が軽すぎて不当であるという趣旨の報告書をまとめました。最高裁判所は，国会が裁判での事実認定や量刑などの当否を批判することや司法部に対して指摘勧告するなどの目的で国政調査を行うことは，司法権の独立を侵害するものであると強く批判しました。吹田黙祷事件は，公判において被告側が朝鮮戦争に対する犠牲者に対する黙とうを行うことを制止しなかった裁判長に対して，国会が裁判長を裁判官訴追委員会にかけ，最高裁判所も「法廷の威信について」と題した通達を出し間接的に裁判長の訴訟指揮を批判したという事件です。

平賀書簡事件は長沼事件で裁判を担当していた裁判官に対し，当時の地方裁判所所長が書簡を送り，審理の方向性を示したことが問題となった事件です。

裁判官の身分保障

裁判官の職権行使の独立性を確保するため，裁判官には強い身分保障がなされています。裁判官の身分保障には，裁判官の解職の制限，行政機関による懲戒の禁止，在任中の報酬の減額の禁止があります。裁判官の解職は，下級裁判所の裁判官については分限裁判や弾劾裁判において罷免とされた場合に限られています（憲法78条）。最高裁判所の裁判官は，分限裁判と弾劾裁判に加えて国民審査が行われます（憲法79条１項）。分限裁判とは回復困難な心身の故障のために職務をとることができない裁判官を罷免するための裁判です（裁判官分限法１条）。弾劾裁判とは，裁判官が職務上の義務に著しく違反したり職務を甚だしく怠ったりした場合，職務の内外を問わず裁判官としての威信を著しく失うべき非行があると**裁判官訴追委員会**から罷免の訴追を受けた裁判官について，罷免するか否かを判断する裁判のことです（裁判官弾劾法２条）。弾劾裁判所は現在，東京にある参議院第二別館と呼ばれる建物の中におかれています。この弾劾裁判は，裁判官により構成される裁判所ではなく，国会議員（衆議院議員と参議院議員の各７名）で構成されています（憲法64条，裁判官弾劾法16条）。

最高裁判所の裁判官には，国民審査が行われます。最高裁判所の裁判官は，任命された後一番近い時期に行われる衆議院議員総選挙で国民の審査に付され，その後10年後の衆議院議員総選挙の際に再度審査に付されます。この国民審査において投票者の多数が罷免を可とした場合，その裁判官は罷免されます（憲法79条３項）。

国民審査の目的は最高裁判所に対して民主的コントロールを及ぼすことにありますが，その性質に関しては従来からさまざまな議論があります。すなわち，憲法79条２項をみると，「最高裁判所の裁判官の任命は……」と定めており，一見すると国民投票が裁判官の任命に関連しているかのように読み取ることができます。しかし，79条3項には「……投票者の多数が裁判官の罷免を可とするときは，その裁判官は，罷免される」と定め，解職のための制度とも読めるのです（実際に行われる国民投票では，罷免を可とする場合には当該裁判官の欄に×印を記入し，そうでない場合には何も記入しないことになっています）。このように，国民審査の性質が内閣による任命を確認する制度なのか，解職の制度なのかという議論があるのですが，通説は国民審査を解職の制度と解釈しています。

憲法は，行政機関による裁判官の懲戒を禁止しています。裁判官の職務上の義務違反や職務懈怠，非行がある場合には，戒告または1万円以下の過料を課すことができます（裁判官分限法2条）。SNSに殺人事件の被害者に関する投稿を行ったことが，裁判官の「品位を辱める行状」（裁判所法49条）にあたるとして懲戒処分を受けた裁判官が，同じ行為について弾劾による罷免の事由である「裁判官としての威信を著しく失うべき非行があったとき（裁判官弾劾法2条）」に該当するとして，国会の裁判官訴追委員会により弾劾裁判に罷免訴追された事例があります（分限裁判については，岡口判事事件＝最高裁平成30年10月17日大法廷決定。弾劾裁判については令和5年現在，弾劾裁判所で審理中です）。

4　違憲審査制

抽象的違憲審査制と付随的違憲審査制

裁判所は法律上の争訟を裁判する機関ですが，それだけではなく，実はとても重要な権限を持っています。**違憲審査権**です（憲法81条）。

違憲審査権とは，裁判所が法律や命令など憲法以下の法令の合憲性を審査する権限のことで，この制度を違憲審査制と呼びます。憲法は**最高法規**であり，法体系の中で最上位におかれます。憲法以下の法律や命令といった法は憲法の内容に違反していてはいけません（憲法98条）。しかし，この条文だけで憲法の最高法規性は担保されるのでしょうか？　これだけでは絵に描いた餅になる可能性があります。そこで日本国憲法は，憲法の最高法規性を確保するための仕組みとして，違憲審査制を定めています。

違憲審査制は日本国憲法だけが採用している制度ではありません。諸外国の憲法の中にもみることができ，それは二つのタイプに分けることができます。抽象的違憲審査制と付随的違憲審査制です。

抽象的違憲審査制とは，特別に設けられた憲法裁判所が具体的な紛争とは関係なく，抽象的に違憲審査を行う制度です。ドイツがこのタイプを採用しています。これに対して，**付随的違憲審査制**とは，通常の裁判所が具体的な紛争を裁判する際（つまり，司法権を発動する際）に国家の行為（法令の適用解釈のしかたや法令の存在自体）の合憲性をその紛争の解決に必要な限度で審査する制度です。アメリカはこのタイプを採用しています。

では，日本はどちらのタイプになるのでしょうか？　日本国憲法が制定された当初は，いくつかの学説がありましたが，現在では付随的違憲審査権であると通説，判例ともに説いています。上述したように，日本では裁判所は司法権を行使して法律上の争訟を裁判していきます。裁判所が裁判の対象として扱うのは，訴訟当事者の具体的権利義務に関する紛争です（⇒**本章 *1***）。したがって，違憲審査権も具体的紛争の解決に必要な範囲で行使されると考えられるのです。最高裁判所も警察予備隊違憲訴訟において，付随的違憲審査権であると解釈しました。

では，違憲審査権はどの裁判所が有しているのでしょうか？　憲法81条は「最高裁判所は……」と定めていますが，この条文の末尾に着目してください。「……終審裁判所である」と定められています。この言い方と司法権の特質とを勘案すると，最高裁判所だけではなくすべての裁判所にこの権限が与えられていると解釈することができま

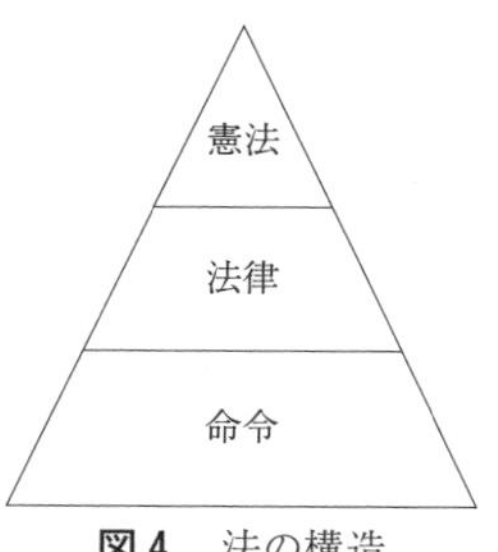

図 4　法の構造

す。すなわち，すべての裁判所は，具体的紛争の解決を前提として，そこで適用されている法令の合憲性を審査することができるといえるのです。最高裁判所は「**憲法の番人**」と呼ばれることがありますが，これは最高裁判所が違憲審査権を有する終審裁判所＝最上位の裁判所であるということからくるのです。

違憲判決をみてみよう——再婚禁止期間違憲訴訟

さて，最高裁判所が法令を違憲と判決した事件はどの位あるのでしょうか？　日本国憲法制定後から令和５年までをみると，**尊属殺人重罰規定事件**（最高裁昭和48年４月４日大法廷判決），**薬局距離制限事件**（最高裁昭和50年４月30日大法廷判決），２件の**衆議院議員定数不均衡訴訟**（最高裁昭和51年４月14日大法廷判決と最高裁昭和60年７月17日大法廷判決），**森林法共有分割制限事件**（最高裁昭和62年４月22日大法廷判決），**郵便法違憲訴訟**（最高裁平成14年９月11日大法廷判決），**在外国民選挙権訴訟**（最高裁平成17年９月14日大法廷判決），**国籍法違憲訴訟**（最高裁平成20年６月４日大法廷判決），**非嫡出子（ひちゃくしゅつし）相続差別違憲訴訟**（最高裁平成25年９月４日大法廷判決），**再婚禁止期間違憲訴訟**（最高裁平成27年12月16日大法廷判決），**在外邦人最高裁判所裁判官国民審査訴訟**（最高裁令和４年５月25日大法廷判決），さらに，トランスジェンダーの人が戸籍上の性別を変更するには，生殖腺や生殖能力のないことを要件（手術する以外，方法はなく，事実上，手術の強制）としている**性同一性障害特例法の規定についての違憲訴訟**（最高裁令和５年10月25日大法廷決定）があります（これらの判決以外にも法令自体は合憲であるものの，その法令の紛争での適用の仕方が違憲であると判決したものもあります。このような違憲判決は適用違憲と呼ばれます）。

では，この中から再婚禁止期間違憲訴訟をみてみましょう。民法733条は女性に対して６ヶ月間の再婚禁止期間を定めていました。この条文が憲法14条１項（法の下の平等），24条２項（家族生活における個人の尊厳と両性の平等）に違反するのかということはこれまで幾度か裁判になってきました。平成７（1995）年の判決では，最高裁判所は民法733条の立法目的が「父性の推定の重複を回避し，もって父子関係をめぐる紛争の発生を未然に防ぐこと」にあるとし，立法目的の合理性を認めて合憲と判断しました（最高裁平成７年12月５日判決）。2015（平成27）年になると，最高裁判所は民法733条が計算上100日の再婚禁止期間を設けることによって父性の推定の重複を回避することができるため，100日を超える部分については憲法違反であるとしました（⇒**第４章*4***）。

判決の中で最高裁判所は，従来から論じられてきた立法目的の合理性を引き続き認めつつも，立法目的と再婚禁止期間の長さには合理的な関連性が欠けていると判断しました。上述したように，最高裁判所は，民法772条２項（婚姻の成立の日から200日を経過した後，または婚姻の解消もしくは取消しの日から300日以内に生まれた子は，婚姻中に懐胎したものと推定すると定めています）の定める父性の推定の重複を回避するために必要な期間は100日で，民法733条の100日を超える部分は合理性を欠いた過剰な制約を課すものであり，憲法14条１項，24条２項に違反すると判決したのです。再婚禁止期間の合憲性に関する評価が変化した理由として，最高裁判所は，６ヶ月の再婚禁止期間が設けられた歴史的な背景とその後の日本における社会状況や経済状況の変化に伴う婚姻・家族の実態変化をあげました。

この判決の後，民法733条の再婚禁止期間は，2016年に６ヶ月から100日に短縮され，2022年には廃止されました。これと同時に，嫡出推定制度も見直しされ，婚姻の解消等の日から300日以内に子が生まれた場合であっても，母が前夫以外の男性と再婚した後に生まれた子は，再婚後の夫の子と推定すると改められました（再婚禁止期間の廃止と，嫡出推定の見直しの施行は2024年４月１日です）。

5 国民の司法参加

裁判所がより市民に身近な機関であるために，法律家ではない一般の市民が裁判に直接に参加する制度がさまざまな国において採用されています。その方法として陪審制と参審制があます。

陪審制とは，一般の市民の中から選ばれた陪審員が，刑事事件において被疑者を起訴するか否かの判断をしたり（大陪審），審理に参加して評決を行ったりする（小陪審）制度で，英米を中心に採用されています。かつて日本では，明治憲法下の1928年から1943年まで小陪審制度が実施されていました。参審制とは，一般の市民の中から選出された参審員が裁判官と一緒に評議する制度で，ドイツなどヨーロッパ諸国で採用されています。

日本では2009年から裁判員制度が実施されています。裁判員制度は，事件ごとにくじで選任された裁判員（６人）が裁判官（３人）と一緒に刑事裁判において被告人が有罪かどうか，有罪であればどの様な刑罰を科すかを決める制度です。裁判員制度の対象となる刑事事件は，殺人，強盗致傷，傷害致死など一定の重大犯罪に限定されています。

裁判員制度以外にも国民が裁判に参加する制度はいくつかあります。従来からあったものとしては検察審査会があります。検察審査会とは，選挙権を有する国民の中からくじで選ばれた11人の検察審査員が検察官の不起訴処分について適切であったか否かを判断するという制度です。また，刑事事件の被害者や遺族となった場合には，事件の当事者として裁判に参加する制度もあります。意見陳述制度と被害者参加制度です。**意見陳述制度**は2000年から実施されており，すべての刑事事件の被害者等を対象として，法廷において被害に関する心情等を述べたり，公訴事実に対する法の適用や求刑への意見を述べることができるというものです（刑事訴訟法292の２）。被害者参加制度は2008年から実施され，殺人，傷害などの一定の刑事事件の被害者や遺族となった場合に，裁判所の許可を得て，被害者参加人として刑事裁判に参加し，公判期日に出席し，被告人質問などを行うことができるというものです（刑事訴訟法316条の33）。

【まとめ】

・司法権とは法律上の争訟を裁判する作用である。

・法律上の争訟とは，訴訟当事者間の具体的な法律関係または権利義務の存否に関する紛争であり，法を適用することによって終局的に解決できるという二つの要件を満たす紛争である。

・法律上の争訟であっても裁判の対象にならない事柄を「司法権の限界」と呼ぶ

・統治行為は原則として裁判の対象とならない

・裁判所では公正な裁判が目指される。

・公正な裁判を担保するため，司法権の独立が求められる。司法権の独立には裁判所が外部から独立しているということと裁判官の職権の独立という側面がある。

・裁判官には身分保障がなされる。裁判官を罷免できるのは，分限裁判と弾劾裁判で罷免と判決された場合で，最高裁判所裁判官はさらに国民審査で投票者の過半数が罷免を可とした場合である。

・違憲審査権には抽象的違憲審査権と付随的違憲審査権がある。日本国憲法は付随的違憲審査権を採用していると解釈される。

・国民の司法参加として裁判員制度がある（2009年～）

【参考資料・文献】　裁判官の職権の独立に関連した問題として平賀書簡事件を取りあげましたが，この問題に関しては，福島重雄・大出義知・水島朝穂（編・著）の『長沼事件　平賀書簡――35年目の証言　自衛隊違憲判決と司法の危機』（日本評論社，2009年）をぜひとも読んでみてください。筆者の一人である福島氏は平賀書簡を受け取った裁判官で，この本の中で，長沼事件から平賀書簡事件への一連の流れを，「お互いに傷つけ合う醜い出来事」であったとし，その後の（元）青年法律家協会に所属する若い裁判官たちに起こったことについては「思い出すたびに心の痛む思いのする，辛いものになってしまった」と記しています。詳細はこの本に譲りますが，「司法権の独立とは何か」という問題についてとても考えさせられる書物です。

最高裁判所を退官した裁判官が，判決に付した個別意見の背景，司法のあるべき姿，違憲審査権についてなどさまざまな観点から最高裁判所裁判官としての見解や経験をまとめた書籍も多くあります。憲法判例に関して詳述されているものとしては，泉徳治，渡辺康行，山本元，新村とわ『一歩前へ出る司法――泉徳治元最高裁判事に聞く』（日本評論社，2017年）があります。

正義

事 項 索 引

さ行

ま行

や行

ら行

わ行

謎解き 日本国憲法〔全訂第3版〕 阪本昌成編 二二〇〇円
判例で学ぶ日本国憲法〔第二版〕 西村裕三編 二四〇〇円
日本国憲から考える現代社会・15講 新井信之著 三〇〇〇円
新憲法四重奏〔第二版〕 大津・大藤・髙佐・長谷川著 三〇〇〇円
憲　法　Ⅰ―総論・統治機構論 大日方信春著 三七〇〇円
憲　法　Ⅱ―基本権論〔第三版〕 大日方信春著 四一〇〇円
憲法1―国制クラシック〔全訂第三版〕 阪本昌成著 二八〇〇円
憲法2―基本権クラシック〔第四版〕 阪本昌成著 三〇〇〇円
憲法Ⅱ〔基本的人権〕《現代法学》 畑　博行著 二八〇〇円
リベラリズム／デモクラシー〔第二版〕 阪本昌成著 二〇〇〇円
権力分立―立憲国の条件 阪本昌成著 六〇〇〇円
亡命と家族―戦後フランスにおける外国人法の展開 水鳥能伸著 一〇〇〇〇円
ロールズの憲法哲学 大日方信春著 五〇〇〇円
外国人の退去強制と合衆国憲法 新井信之著 七〇〇〇円
アメリカ連邦議会と裁判官規律制度の展開 土屋孝次著 四六〇〇円
アメリカ連邦議会の憲法解釈 土屋孝次著 六〇〇〇円
世界の憲法集〔第五版〕 畑　博行・小森田秋夫編 三五〇〇円

★表示価格は本体価格（税別）

有信堂刊

編著者
阪本　昌成（弁護士）　——はじめに，序章，第１章，第２章
著　者（執筆順）
井上　嘉仁（広島大学准教授）　——第３章
横藤田　誠（広島大学名誉教授）　——第４章
大日方信春（熊本大学教授）　——第５章第１‐３節
梶原　健佑（九州大学准教授）　——第５章第４‐６節
水鳥　能伸（大阪公立大学教授）　——第６章，第７章
合原　理映（千葉商科大学教授）　——第８章

渡邊　泰秀　——イラスト

謎解き 日本国憲法〔全訂第３版〕

2010年12月24日	初　版第１刷発行	〔検印省略〕
2015年４月１日	初　版第４刷発行	
2016年５月６日	第２版第１刷発行	
2023年５月10日	第２版第４刷発行	
2024年２月29日	全訂第３版第１刷発行	

編者©阪本昌成／発行者　髙橋明義　　印刷／製本　創栄図書印刷

東京都文京区本郷 1-8-1　振替00160-8-141750
〒113-0033　TEL(03)3813-4511
FAX(03)3813-4514
http://www.yushindo.co.jp/
ISBN978-4-8420-1087-8

発行所
株式会社 有信堂高文社
Printed in Japan

附録——日本国憲法

朕は、日本国民の総意に基いて、新日本建設の礎が、定まるに至つたことを、深くよろこび、枢密顧問の諮詢及び帝国憲法第七十三条による帝国議会の議決を経た帝国憲法の改正を裁可し、ここにこれを公布せしめる。

御名御璽

昭和二十一年十一月三日

内閣総理大臣兼外務大臣　吉田茂
国務大臣　男爵　幣原喜重郎
司法大臣　木村篤太郎
内務大臣　大村清一
文部大臣　田中耕太郎
農林大臣　和田博雄
国務大臣　斎藤隆夫
逓信大臣　一松定吉
商工大臣　星島二郎
厚生大臣　河合良成
国務大臣　植原悦二郎
運輸大臣　平塚常次郎
大蔵大臣　石橋湛山
国務大臣　金森徳次郎
国務大臣　膳桂之助

日本国憲法

日本国民は、正当に選挙された国会における代表者を通じて行動し、われらとわれらの子孫のために、諸国民との協和による成果と、わが国全土にわたつて自由のもたらす恵沢を確保し、政府の行為によつて再び戦争の惨禍が起ることのないやうにすることを決意し、ここに主権が国民に存することを宣言し、この憲法を確定する。そもそも国政は、国民の厳粛な信託によるものであつて、その権威は国民に由来し、その権力は国民の代表者がこれを行使し、その福利は国民がこれを享受する。これは人類普遍の原理であり、この憲法は、かかる原理に基くものである。われらは、これに反する一切の憲法、法令及び詔勅を排除する。

日本国民は、恒久の平和を念願し、人間相互の関係を支配する崇高な理想を深く自覚するのであつて、平和を愛する諸国民の公正と信義に信頼して、われらの安全と生存を保持しようと決意した。われらは、平和を維持し、専制と隷従、圧迫と偏狭を地上から永遠に除去しようと努めてゐる国際社会において、名誉ある地位を占めたいと思ふ。われらは、全世界の国民が、ひとしく恐怖と欠乏から免かれ、平和のうちに生存する権利を有することを確認する。

われらは、いづれの国家も、自国のことのみに専念して他国を無視してはならないのであつて、政治道徳の法則は、普遍的なものであり、この法則に従ふことは、自国の主権を維持し、他国と対等関係に立たうとする各国の責務であると信ずる。

日本国民は、国家の名誉にかけ、全力をあげてこの崇高な理

想と目的を達成することを誓ふ。

第一章　天皇

第一条　天皇は、日本国の象徴であり日本国民統合の象徴であつて、この地位は、主権の存する日本国民の総意に基く。

第二条　皇位は、世襲のものであつて、国会の議決した皇室典範の定めるところにより、これを継承する。

第三条　天皇の国事に関するすべての行為には、内閣の助言と承認を必要とし、内閣が、その責任を負ふ。

第四条　①　天皇は、この憲法の定める国事に関する行為のみを行ひ、国政に関する権能を有しない。

②　天皇は、法律の定めるところにより、その国事に関する行為を委任することができる。

第五条　皇室典範の定めるところにより摂政を置くときは、摂政は、天皇の名でその国事に関する行為を行ふ。この場合には、前条第一項の規定を準用する。

第六条　①　天皇は、国会の指名に基いて、内閣総理大臣を任命する。

②　天皇は、内閣の指名に基いて、最高裁判所の長たる裁判官を任命する。

第七条　天皇は、内閣の助言と承認により、国民のために、左の国事に関する行為を行ふ。

一　憲法改正、法律、政令及び条約を公布すること。
二　国会を召集すること。
三　衆議院を解散すること。
四　国会議員の総選挙の施行を公示すること。
五　国務大臣及び法律の定めるその他の官吏の任免並びに全権委任状及び大使及び公使の信任状を認証すること。
六　大赦、特赦、減刑、刑の執行の免除及び復権を認証すること。
七　栄典を授与すること。
八　批准書及び法律の定めるその他の外交文書を認証すること。
九　外国の大使及び公使を接受すること。
十　儀式を行ふこと。

第八条　皇室に財産を譲り渡し、又は皇室が、財産を譲り受け、若しくは賜与することは、国会の議決に基かなければならない。

第二章　戦争の放棄

第九条　①　日本国民は、正義と秩序を基調とする国際平和を誠実に希求し、国権の発動たる戦争と、武力による威嚇又は武力の行使は、国際紛争を解決する手段としては、永久にこれを放棄する。

②　前項の目的を達するため、陸海空軍その他の戦力は、これを保持しない。国の交戦権は、これを認めない。

第三章　国民の権利及び義務

第一〇条　日本国民たる要件は、法律でこれを定める。

第一一条　国民は、すべての基本的人権の享有を妨げられない。

この憲法が国民に保障する基本的人権は、侵すことのできない永久の権利として、現在及び将来の国民に与へられる。

第一二条　この憲法が国民に保障する自由及び権利は、国民の不断の努力によつて、これを保持しなければならない。又、国民は、これを濫用してはならないのであつて、常に公共の福祉のためにこれを利用する責任を負ふ。

第一三条　すべて国民は、個人として尊重される。生命、自由及び幸福追求に対する国民の権利については、公共の福祉に反しない限り、立法その他の国政の上で、最大の尊重を必要とする。

第一四条　①　すべて国民は、法の下に平等であつて、人種、信条、性別、社会的身分又は門地により、政治的、経済的又は社会的関係において、差別されない。

②　華族その他の貴族の制度は、これを認めない。

③　栄誉、勲章その他の栄典の授与は、いかなる特権も伴はない。栄典の授与は、現にこれを有し、又は将来これを受ける者の一代に限り、その効力を有する。

第一五条　①　公務員を選定し、及びこれを罷免することは、国民固有の権利である。

②　すべて公務員は、全体の奉仕者であつて、一部の奉仕者ではない。

③　公務員の選挙については、成年者による普通選挙を保障する。

④　すべて選挙における投票の秘密は、これを侵してはならない。選挙人は、その選択に関し公的にも私的にも責任を問はれない。

第一六条　何人も、損害の救済、公務員の罷免、法律、命令又は規則の制定、廃止又は改正その他の事項に関し、平穏に請願する権利を有し、何人も、かかる請願をしたためにいかなる差別待遇も受けない。

第一七条　何人も、公務員の不法行為により、損害を受けたときは、法律の定めるところにより、国又は公共団体に、その賠償を求めることができる。

第一八条　何人も、いかなる奴隷的拘束も受けない。又、犯罪に因る処罰の場合を除いては、その意に反する苦役に服させられない。

第一九条　思想及び良心の自由は、これを侵してはならない。

第二〇条　①　信教の自由は、何人に対してもこれを保障する。いかなる宗教団体も、国から特権を受け、又は政治上の権力を行使してはならない。

②　何人も、宗教上の行為、祝典、儀式又は行事に参加することを強制されない。

③　国及びその機関は、宗教教育その他のいかなる宗教的活動もしてはならない。

第二一条　①　集会、結社及び言論、出版その他一切の表現の自由は、これを保障する。

②　検閲は、これをしてはならない。通信の秘密は、これを侵してはならない。

第二二条　①　何人も、公共の福祉に反しない限り、居住、移転及び職業選択の自由を有する。

② 何人も、外国に移住し、又は国籍を離脱する自由を侵されない。

第二三条　学問の自由は、これを保障する。

第二四条　① 婚姻は、両性の合意のみに基いて成立し、夫婦が同等の権利を有することを基本として、相互の協力により、維持されなければならない。

② 配偶者の選択、財産権、相続、住居の選定、離婚並びに婚姻及び家族に関するその他の事項に関しては、法律は、個人の尊厳と両性の本質的平等に立脚して、制定されなければならない。

第二五条　① すべて国民は、健康で文化的な最低限度の生活を営む権利を有する。

② 国は、すべての生活部面について、社会福祉、社会保障及び公衆衛生の向上及び増進に努めなければならない。

第二六条　① すべて国民は、法律の定めるところにより、その能力に応じて、ひとしく教育を受ける権利を有する。

② すべて国民は、法律の定めるところにより、その保護する子女に普通教育を受けさせる義務を負ふ。義務教育は、これを無償とする。

第二七条　① すべて国民は、勤労の権利を有し、義務を負ふ。

② 賃金、就業時間、休息その他の勤労条件に関する基準は、法律でこれを定める。

③ 児童は、これを酷使してはならない。

第二八条　勤労者の団結する権利及び団体交渉その他の団体行動をする権利は、これを保障する。

第二九条　① 財産権は、これを侵してはならない。

② 財産権の内容は、公共の福祉に適合するやうに、法律でこれを定める。

③ 私有財産は、正当な補償の下に、これを公共のために用ひることができる。

第三〇条　国民は、法律の定めるところにより、納税の義務を負ふ。

第三一条　何人も、法律の定める手続によらなければ、その生命若しくは自由を奪はれ、又はその他の刑罰を科せられない。

第三二条　何人も、裁判所において裁判を受ける権利を奪はれない。

第三三条　何人も、現行犯として逮捕される場合を除いては、権限を有する司法官憲が発し、且つ理由となつてゐる犯罪を明示する令状によらなければ、逮捕されない。

第三四条　何人も、理由を直ちに告げられ、且つ、直ちに弁護人に依頼する権利を与へられなければ、抑留又は拘禁されない。又、何人も、正当な理由がなければ、拘禁されず、要求があれば、その理由は、直ちに本人及びその弁護人の出席する公開の法廷で示されなければならない。

第三五条　① 何人も、その住居、書類及び所持品について、侵入、捜索及び押収を受けることのない権利は、第三三条の場合を除いては、正当な理由に基いて発せられ、且つ捜索する場所及び押収する物を明示する令状がなければ、侵されない。

② 捜索又は押収は、権限を有する司法官憲が発する各別の令

状により、これを行ふ。

第三六条　公務員による拷問及び残虐な刑罰は、絶対にこれを禁ずる。

第三七条　①　すべて刑事事件においては、被告人は、公平な裁判所の迅速な公開裁判を受ける権利を有する。

②　刑事被告人は、すべての証人に対して審問する機会を充分に与へられ、又、公費で自己のために強制的手続により証人を求める権利を有する。

③　刑事被告人は、いかなる場合にも、資格を有する弁護人を依頼することができる。被告人が自らこれを依頼することができないときは、国でこれを附する。

第三八条　①　何人も、自己に不利益な供述を強要されない。

②　強制、拷問若しくは脅迫による自白又は不当に長く抑留若しくは拘禁された後の自白は、これを証拠とすることができない。

③　何人も、自己に不利益な唯一の証拠が本人の自白である場合には、有罪とされ、又は刑罰を科せられない。

第三九条　何人も、実行の時に適法であつた行為又は既に無罪とされた行為については、刑事上の責任を問はれない。又、同一の犯罪について、重ねて刑事上の責任を問はれない。

第四〇条　何人も、抑留又は拘禁された後、無罪の裁判を受けたときは、法律の定めるところにより、国にその補償を求めることができる。

第四章　国会

第四一条　国会は、国権の最高機関であつて、国の唯一の立法機関である。

第四二条　国会は、衆議院及び参議院の両議院でこれを構成する。

第四三条　①　両議院は、全国民を代表する選挙された議員でこれを組織する。

②　両議院の議員の定数は、法律でこれを定める。

第四四条　両議院の議員及びその選挙人の資格は、法律でこれを定める。但し、人種、信条、性別、社会的身分、門地、教育、財産又は収入によつて差別してはならない。

第四五条　衆議院議員の任期は、四年とする。但し、衆議院解散の場合には、その期間満了前に終了する。

第四六条　参議院議員の任期は、六年とし、三年ごとに議員の半数を改選する。

第四七条　選挙区、投票の方法その他両議院の議員の選挙に関する事項は、法律でこれを定める。

第四八条　何人も、同時に両議院の議員たることはできない。

第四九条　両議院の議員は、法律の定めるところにより、国庫から相当額の歳費を受ける。

第五〇条　両議院の議員は、法律の定める場合を除いては、国会の会期中逮捕されず、会期前に逮捕された議員は、その議院の要求があれば、会期中これを釈放しなければならない。

第五一条　両議院の議員は、議院で行つた演説、討論又は表決について、院外で責任を問はれない。

第五二条　国会の常会は、毎年一回これを召集する。

第五三条　内閣は、国会の臨時会の召集を決定することができる。いづれかの議院の総議員の四分の一以上の要求があれば、内閣は、その召集を決定しなければならない。

第五四条　①　衆議院が解散されたときは、解散の日から四十日以内に、衆議院議員の総選挙を行ひ、その選挙の日から三十日以内に、国会を召集しなければならない。

②　衆議院が解散されたときは、参議院は、同時に閉会となる。但し、内閣は、国に緊急の必要があるときは、参議院の緊急集会を求めることができる。

③　前項但書の緊急集会において採られた措置は、臨時のものであつて、次の国会開会の後十日以内に、衆議院の同意がない場合には、その効力を失ふ。

第五五条　両議院は、各々その議員の資格に関する争訟を裁判する。但し、議員の議席を失はせるには、出席議員の三分の二以上の多数による議決を必要とする。

第五六条　①　両議院は、各々その総議員の三分の一以上の出席がなければ、議事を開き議決することができない。

②　両議院の議事は、この憲法に特別の定のある場合を除いては、出席議員の過半数でこれを決し、可否同数のときは、議長の決するところによる。

第五七条　①　両議院の会議は、公開とする。但し、出席議員の三分の二以上の多数で議決したときは、秘密会を開くことができる。

②　両議院は、各々その会議の記録を保存し、秘密会の記録の中で特に秘密を要すると認められるもの以外は、これを公表し、且つ一般に頒布しなければならない。

③　出席議員の五分の一以上の要求があれば、各議員の表決は、これを会議録に記載しなければならない。

第五八条　①　両議院は、各々その議長その他の役員を選任する。

②　両議院は、各々その会議その他の手続及び内部の規律に関する規則を定め、又、院内の秩序をみだした議員を懲罰することができる。但し、議員を除名するには、出席議員の三分の二以上の多数による議決を必要とする。

第五九条　①　法律案は、この憲法に特別の定のある場合を除いては、両議院で可決したとき法律となる。

②　衆議院で可決し、参議院でこれと異なつた議決をした法律案は、衆議院で出席議員の三分の二以上の多数で再び可決したときは、法律となる。

③　前項の規定は、法律の定めるところにより、衆議院が、両議院の協議会を開くことを求めることを妨げない。

④　参議院が、衆議院の可決した法律案を受け取つた後、国会休会中の期間を除いて六十日以内に、議決しないときは、衆議院は、参議院がその法律案を否決したものとみなすことができる。

第六〇条　①　予算は、さきに衆議院に提出しなければならない。

②　予算について、参議院で衆議院と異なつた議決をした場合に、法律の定めるところにより、両議院の協議会を開いても意見が一致しないとき、又は参議院が、衆議院の可決した予

算を受け取つた後、国会休会中の期間を除いて三十日以内に、議決しないときは、衆議院の議決を国会の議決とする。

第六一条　条約の締結に必要な国会の承認については、前条第二項の規定を準用する。

第六二条　両議院は、各々国政に関する調査を行ひ、これに関して、証人の出頭及び証言並びに記録の提出を要求することができる。

第六三条　内閣総理大臣その他の国務大臣は、両議院の一に議席を有すると有しないとにかかはらず、何時でも議案について発言するため議院に出席することができる。又、答弁又は説明のため出席を求められたときは、出席しなければならない。

第六四条　①　国会は、罷免の訴追を受けた裁判官を裁判するため、両議院の議員で組織する弾劾裁判所を設ける。

②　弾劾に関する事項は、法律でこれを定める。

第五章　内閣

第六五条　行政権は、内閣に属する。

第六六条　①　内閣は、法律の定めるところにより、その首長たる内閣総理大臣及びその他の国務大臣でこれを組織する。

②　内閣総理大臣その他の国務大臣は、文民でなければならない。

③　内閣は、行政権の行使について、国会に対し連帯して責任を負ふ。

第六七条　①　内閣総理大臣は、国会議員の中から国会の議決で、これを指名する。この指名は、他のすべての案件に先だつて、これを行ふ。

②　衆議院と参議院とが異なつた指名の議決をした場合に、法律の定めるところにより、両議院の協議会を開いても意見が一致しないとき、又は衆議院が指名の議決をした後、国会休会中の期間を除いて十日以内に、参議院が、指名の議決をしないときは、衆議院の議決を国会の議決とする。

第六八条　①　内閣総理大臣は、国務大臣を任命する。但し、その過半数は、国会議員の中から選ばれなければならない。

②　内閣総理大臣は、任意に国務大臣を罷免することができる。

第六九条　内閣は、衆議院で不信任の決議案を可決し、又は信任の決議案を否決したときは、十日以内に衆議院が解散されない限り、総辞職をしなければならない。

第七〇条　内閣総理大臣が欠けたとき、又は衆議院議員総選挙の後に初めて国会の召集があつたときは、内閣は、総辞職をしなければならない。

第七一条　前二条の場合には、内閣は、あらたに内閣総理大臣が任命されるまで引き続きその職務を行ふ。

第七二条　内閣総理大臣は、内閣を代表して議案を国会に提出し、一般国務及び外交関係について国会に報告し、並びに行政各部を指揮監督する。

第七三条　内閣は、他の一般行政事務の外、左の事務を行ふ。

一　法律を誠実に執行し、国務を総理すること。

二　外交関係を処理すること。

三　条約を締結すること。但し、事前に、時宜によつては事

後に、国会の承認を経ることを必要とする。
四　法律の定める基準に従ひ、官吏に関する事務を掌理すること。
五　予算を作成して国会に提出すること。
六　この憲法及び法律の規定を実施するために、政令を制定すること。但し、政令には、特にその法律の委任がある場合を除いては、罰則を設けることができない。
七　大赦、特赦、減刑、刑の執行の免除及び復権を決定すること。

第七四条　法律及び政令には、すべて主任の国務大臣が署名し、内閣総理大臣が連署することを必要とする。

第七五条　国務大臣は、その在任中、内閣総理大臣の同意がなければ、訴追されない。但し、これがため、訴追の権利は、害されない。

第六章　司法

第七六条　①　すべて司法権は、最高裁判所及び法律の定めるところにより設置する下級裁判所に属する。
②　特別裁判所は、これを設置することができない。行政機関は、終審として裁判を行ふことができない。
③　すべて裁判官は、その良心に従ひ独立してその職権を行ひ、この憲法及び法律にのみ拘束される。

第七七条　①　最高裁判所は、訴訟に関する手続、弁護士、裁判所の内部規律及び司法事務処理に関する事項について、規則を定める権限を有する。
②　検察官は、最高裁判所の定める規則に従はなければならない。
③　最高裁判所は、下級裁判所に関する規則を定める権限を、下級裁判所に委任することができる。

第七八条　裁判官は、裁判により、心身の故障のために職務を執ることができないと決定された場合を除いては、公の弾劾によらなければ罷免されない。裁判官の懲戒処分は、行政機関がこれを行ふことはできない。

第七九条　①　最高裁判所は、その長たる裁判官及び法律の定める員数のその他の裁判官でこれを構成し、その長たる裁判官以外の裁判官は、内閣でこれを任命する。
②　最高裁判所の裁判官の任命は、その任命後初めて行はれる衆議院議員総選挙の際国民の審査に付し、その後十年を経過した後初めて行はれる衆議院議員総選挙の際更に審査に付し、その後も同様とする。
③　前項の場合において、投票者の多数が裁判官の罷免を可とするときは、その裁判官は、罷免される。
④　審査に関する事項は、法律でこれを定める。
⑤　最高裁判所の裁判官は、法律の定める年齢に達した時に退官する。
⑥　最高裁判所の裁判官は、すべて定期に相当額の報酬を受ける。この報酬は、在任中、これを減額することができない。

第八〇条　①　下級裁判所の裁判官は、最高裁判所の指名した者の名簿によつて、内閣でこれを任命する。その裁判官は、任期を十年とし、再任されることができる。但し、法律の定

める年齢に達した時には退官する。

② 下級裁判所の裁判官は、すべて定期に相当額の報酬を受ける。この報酬は、在任中、これを減額することができない。

第八一条 最高裁判所は、一切の法律、命令、規則又は処分が憲法に適合するかしないかを決定する権限を有する終審裁判所である。

第八二条 ① 裁判の対審及び判決は、公開法廷でこれを行ふ。

② 裁判所が、裁判官の全員一致で、公の秩序又は善良の風俗を害する虞があると決した場合には、対審は、公開しないでこれを行ふことができる。但し、政治犯罪、出版に関する犯罪又はこの憲法第三章で保障する国民の権利が問題となつてゐる事件の対審は、常にこれを公開しなければならない。

第七章　財政

第八三条 国の財政を処理する権限は、国会の議決に基いて、これを行使しなければならない。

第八四条 あらたに租税を課し、又は現行の租税を変更するには、法律又は法律の定める条件によることを必要とする。

第八五条 国費を支出し、又は国が債務を負担するには、国会の議決に基くことを必要とする。

第八六条 内閣は、毎会計年度の予算を作成し、国会に提出して、その審議を受け議決を経なければならない。

第八七条 予見し難い予算の不足に充てるため、国会の議決に基いて予備費を設け、内閣の責任でこれを支出することができる。

② すべて予備費の支出については、内閣は、事後に国会の承諾を得なければならない。

第八八条 すべて皇室財産は、国に属する。すべて皇室の費用は、予算に計上して国会の議決を経なければならない。

第八九条 公金その他の公の財産は、宗教上の組織若しくは団体の使用、便益若しくは維持のため、又は公の支配に属しない慈善、教育若しくは博愛の事業に対し、これを支出し、又はその利用に供してはならない。

第九〇条 ① 国の収入支出の決算は、すべて毎年会計検査院がこれを検査し、内閣は、次の年度に、その検査報告とともに、これを国会に提出しなければならない。

② 会計検査院の組織及び権限は、法律でこれを定める。

第九一条 内閣は、国会及び国民に対し、定期に、少くとも毎年一回、国の財政状況について報告しなければならない。

第八章　地方自治

第九二条 地方公共団体の組織及び運営に関する事項は、地方自治の本旨に基いて、法律でこれを定める。

第九三条 ① 地方公共団体には、法律の定めるところにより、その議事機関として議会を設置する。

② 地方公共団体の長、その議会の議員及び法律の定めるその他の吏員は、その地方公共団体の住民が、直接これを選挙する。

第九四条 地方公共団体は、その財産を管理し、事務を処理し、及び行政を執行する権能を有し、法律の範囲内で条例を制定することができる。

第九五条　一の地方公共団体のみに適用される特別法は、法律の定めるところにより、その地方公共団体の住民の投票においてその過半数の同意を得なければ、国会は、これを制定することができない。

第九章　改正

第九六条　①　この憲法の改正は、各議院の総議員の三分の二以上の賛成で、国会が、これを発議し、国民に提案してその承認を経なければならない。この承認には、特別の国民投票又は国会の定める選挙の際行はれる投票において、その過半数の賛成を必要とする。

②　憲法改正について前項の承認を経たときは、天皇は、国民の名で、この憲法と一体を成すものとして、直ちにこれを公布する。

第一〇章　最高法規

第九七条　この憲法が日本国民に保障する基本的人権は、人類の多年にわたる自由獲得の努力の成果であつて、これらの権利は、過去幾多の試錬に堪へ、現在及び将来の国民に対し、侵すことのできない永久の権利として信託されたものである。

第九八条　①　この憲法は、国の最高法規であつて、その条規に反する法律、命令、詔勅及び国務に関するその他の行為の全部又は一部は、その効力を有しない。

②　日本国が締結した条約及び確立された国際法規は、これを誠実に遵守することを必要とする。

第九九条　天皇又は摂政及び国務大臣、国会議員、裁判官その他の公務員は、この憲法を尊重し擁護する義務を負ふ。

第一一章　補則

第一〇〇条　①　この憲法は、公布の日から起算して六箇月を経過した日から、これを施行する。

②　この憲法を施行するために必要な法律の制定、参議院議員の選挙及び国会召集の手続並びにこの憲法を施行するために必要な準備手続は、前項の期日よりも前に、これを行ふことができる。

第一〇一条　この憲法施行の際、参議院がまだ成立してゐないときは、その成立するまでの間、衆議院は、国会としての権限を行ふ。

第一〇二条　この憲法による第一期の参議院議員のうち、その半数の者の任期は、これを三年とする。その議員は、法律の定めるところにより、これを定める。

第一〇三条　この憲法施行の際現に在職する国務大臣、衆議院議員及び裁判官並びにその他の公務員で、その地位に相応する地位がこの憲法で認められてゐる者は、法律で特別の定をした場合を除いては、この憲法施行のため、当然にはその地位を失ふことはない。但し、この憲法によつて、後任者が選挙又は任命されたときは、当然その地位を失ふ。